Carl Heine

Johannes Velten

Ein Beitrag zur Geschichte des deutschen Theaters im XVIII. Jahrhundert

Carl Heine

Johannes Velten
Ein Beitrag zur Geschichte des deutschen Theaters im XVIII. Jahrhundert

ISBN/EAN: 9783743657205

Hergestellt in Europa, USA, Kanada, Australien, Japan

Cover: Foto ©ninafisch / pixelio.de

Weitere Bücher finden Sie auf **www.hansebooks.com**

JOHANNES VELTEN.

EIN
BEITRAG ZUR GESCHICHTE DES DEUTSCHEN THEATERS
IM XVII. JAHRHUNDERT.

INAUGURAL-DISSERTATION

ZUR

ERLANGUNG DER DOCTORWÜRDE

VON DER

PHILOSOPHISCHEN FACULTÄT

DER

KÖNIGL. VEREINIGTEN FRIEDRICHS-UNIVERSITÄT

HALLE-WITTENBERG

GENEHMIGT

UND SAMT DEN ANGEHÄNGTEN THESEN

AM 22. JANUAR 1887 MITTAGS 12 UHR

ÖFFENTLICH VERTEIDIGT

VON

CARL HEINE
AUS HALLE.

OPPONENTEN:

CARL HARTENSTEIN, CAND. PHIL.
FRIEDRICH FITTING, CAND. PHIL.

HALLE A/S.
DRUCK VON EHRHARDT KARRAS.
1887.

VORBEMERKUNG.

—

Die vorliegende Arbeit bildet den Anfang einer Untersuchung über „die Geschichte des deutschen Theaters im XVII. Jahrhundert", welche ich in den nächsten Jahren zu veröffentlichen hoffe.

An dieser Stelle sei es mir vergönnt, Herrn Privatdozent Dr. Burdach in Halle und Herrn Oberbibliothekar Dr. Köhler in Weimar für die gütige, mit weitgehendsten Zeitopfern verbundene Unterstützung während des Entstehens meiner Arbeit, wie auch den Herren: Gymnasialdirektor Professor Dr. Nasemann in Halle, Geheimer Hofrat Professor Dr. Zarnke und Archivrat Dr. Wustmann in Leipzig, Professor Dr. Dettmar in Jena, Dr. A. v. Weilen in Wien und dem Vorstand der Kgl. Bibliothek zu Dresden für die liberale Bereitwilligkeit, mit welcher sie mir das nötige Material zugänglich machten, meinen verbindlichsten Dank auszusprechen.

I.

Johannes Veltens Leben.

Der „Magister Veltheim" gilt seit etwa hundert Jahren, das heisst seit dem Erscheinen der Aufzeichnungen Löwens[1] und der Chronologie des deutschen Theaters[2] für die bedeutendste Persönlichkeit in der deutschen Theatergeschichte des XVII. Jahrh. Dennoch war nur wenig über diesen Theater-Prinzipal bekannt, und dieses Wenige, durch sagenhafte Tradition entstellt, schleppte sich unangefochten durch die meisten bühnengeschichtlichen Werke hindurch. Erst Moritz Fürstenau[3] machte uns auf Grund archivalischer Forschungen mit einer Anzahl Daten aus dem Leben dieses Mannes bekannt, und in neuester Zeit folgte ihm Mentzel[4] auf diesem Wege. Dennoch blieb ein grosser Theil der Lebensgeschichte Veltens in sagenhaftem Dunkel, seine reformatorische Bedeutung wurde nur oberflächlich gestreift und beweislos besprochen.

Er sollte um das Jahr 1650 zu Leipzig oder Halle geboren sein, und sich 1669 bei einer Studenten-Auf-

1) J. F. Löwens Schriften. Bd. IV. Geschichte des deutschen Theaters. Hamburg 1765.

2) (Christian H. Schmidt), Chronologie des deutschen Theaters. (Leipzig) 1775.

3) Zur Geschichte der Musik und des Theaters am Hofe zu Dresden. Nach archivalischen Quellen von Moritz Fürstenau, K. S. Kammermusikus. Dresden 1861. Thl. I.

4) Geschichte der Schauspielkunst in Frankfurt a. M. von ihren Anfängen bis zur Eröffnung des städtischen Comödienhauses. Ein Beitrag zur deutschen Kultur- und Theatergeschichte von E. Mentzel. (Archiv für Frankfurts Geschichte und Kunst. Neue Folge. Frankfurt a. M. 1882.

führung der Kormart'schen Polyeukt-Bearbeitung in der
Titelrolle derartig ausgezeichnet haben, dass der Ent-
schluss, Schauspieler zu werden, von da an bei ihm fest-
gestanden hätte. Er habe dann erst den Magister-Titel
erworben und in den siebziger Jahren des Jahrhunderts
seine theatralische Thätigkeit begonnen.

Diese Nachrichten sind theils ungenau, theils unrichtig.

Johannes Velten[5]) wurde am 27. Dezember 1640 zu
Halle a Saale geboren.[6]) Die Familie Velten[7]) lebte
aber noch nicht seit langer Zeit dort, sondern war erst
seit den dreissiger Jahren des XVII. Jahrh. nach Halle
übergesiedelt. Sie stammte aus Bremervörde, wo Valentin
Velten[8]), der Grossvater des Johannes, ein geachteter
Kaufmann, mit der Tochter des dortigen Bürgermeisters
Conrad Strassburger verheiratet war. Valentin Velten
hatte zwei Söhne, welche beide ihr Glück ausserhalb der
Heimath suchten und fanden. Mathias[9]) der älteste Sohn,
wandte sich nach Magdeburg, wo er Königlich schwe-
discher Obereinnehmer des Erzstiftes Magdeburg wurde;
von hier zog er nach Halle und starb dort als Rathsworthalter, Chramermeister und Pfänner in einem Alter
von 73 Jahren. Der um fünfzehn Jahre jüngere Valentin[10]) verdankte seine kaufmännische Erziehung seinem
Bruder, mit dem er auch von Magdeburg nach Halle
übersiedelte und dieselben Aemter und Titel theilte. Erst
dreiundzwanzig Jahre alt, hatte er sich in Magdeburg mit
Catharina Drechsler[11]), der Tochter eines Magdeburger

5) Der Name ist durch Zusammenziehung aus Valentin entstanden,
und wird sowohl von Johannes Velten als auch in den Akten: Velten,
Velthen, Velthem oder Veltheim geschrieben. Doch ist die Schreibung
Velten die vorherrschende und etymologisch richtigere.

6) 1640 (die Woche nach dem Christtage) am 27. December ist geboren Herrn Valentin Velten ein Sohn, getaufft, heisst Johannes . . . . .
(Archiv der Marienkirche zu Halle. Kirchenbuch von 1621—1644).

7) Vergl. für die Darstellung der Geschichte der Familie Velten die
Stammtafel auf Beilage I. Das Wappen der Familie in Beilage II.

8) Beilage I No. 1.　　　9) Beilage I No. 2.
10) Beilage I No. 4.　　　11) Beilage I No. 41.

1*

4

Hofbäckers verheiratet. Nach zwölfjähriger Ehe starb
seine Gattin, und Valentin vermählte sich ein Jahr darauf mit der Tochter eines Kaufmanns in Halle, mit Anna
Ganzland.[12] Doch auch diese Ehe ward durch den Tod
getrennt und Valentin heiratete nach Ablauf der Trauerzeit Elisabeth Knochin[13], die Tochter des Oberborn-
meisters Gottfried Knoche zu Halle. Fünf Jahre darauf
starb er. Valentin Velten hatte dreizehn Kinder, von
denen Johannes das dritte Kind erster Ehe war.

Schon frühzeitig ward er zur gelehrten Laufbahn
bestimmt[14] und den Magistern Reising[15] und Keller[16]
zum Unterricht übergeben. Später sandte Valentin den
Sohn nach Loburg unweit Magdeburg zu einem Pastor
Barchius Hardt[16], der mit der ältesten Schwester des
Johannes verlobt war, die er 1657 zum Altar führte.[17]
Der Pastor Hardt, bildete nun den Schüler und künftigen
Verwandten[18] zur Universität heran. Im August 1657
bezog Johannes die Universität Wittenberg, um Theologie zu studiren.[19] Dort hörte er bei Calovius[20] und
Strauch[21] Philosophie und Theologie, aber auch der
Poesie und Beredtsamkeit widmete er einen guten Theil
seiner Zeit. Bei Buchner[22] dem eifrigen Opitzianer, bei
Cunad[23] und Meissner[24] betrieb er die „schönen Wissenschaften". Drei Jahre lang lebte er diesen Studien und
verliess 1660 Wittenberg, um in Leipzig dieselben fort-
zusetzen.[25] Dass er für den Act der Immatriculation
dort 24 Groschen zahlen musste[26], ist ein Beweis, dass
Velten für ziemlich wohlhabend galt[27], wie ihn auch das

12) Beilage I No. 4 II.   13) Beilage I No. 4 III.
14) Beilage III Vers 18.   15) Beilage III Vers 22.
16) Beilage III Vers 23.   17) Beilage I No. 17.
18) Beilage III Vers 24.
19) Immatric. Wittenb. vol. VI 1645—1657.
20) Beilage III Vers 33.   21) Beilage III Vers 33.
22) Beilage III Vers 29.   23) Beilage III Vers 35.
24) Beilage III Vers 35.
25) Immatric. Lips. act. vol. 1627 -1676.   26) ebendaselbst.
27) Vergleiche über die Preise bei der Immatriculation zu Leipzig:
Fr. Zarncke, Christian Reuter der Verfasser des Schelmuffsky sein Leben
und seine Werke. Leipzig 1884 p. 453.

schon als einen vornehmeren Studenten characterisirt, dass er bei dem gefeierten Professor Scherzer in Pension lebte.[28])

In Leipzig hörte Velten nicht viel theologische Collegia, sondern beschäftigte sich fast ausschliesslich mit den „schönen Wissenschaften". Er hörte Philosophie bei Ittig[29]) Beredtsamkeit bei Sluter[30]) und Frankenstein[31]) und Poesie bei Rappoldi.[32]) Auch als Dichter that sich Velten in Leipzig hervor; wenn wir auch dafür keine directen Beweise haben, so erhellt dies doch daraus, dass Rappoldi, der selbst Dichter war, ihn seinen „sodalem" nennt.[33])

Aber obgleich Velten sich vorzugsweise den freien Künsten und schönen Wissenschaften widmete, entfremdete er sich doch der von ihm gewählten Fakultät nicht; denn er schloss sich einem Vereine von Theologen an, der den Zweck hatte, die angehenden Pastoren in ihrem späteren Berufe zu üben, und sich das „Donnerstags-Prediger-Kränzchen" nannte.[34])

Veltens Studienzeit zu Leipzig war aber nicht von langer Dauer; am 24. Januar 1661 hatte sie bereits ihren Abschluss dadurch erreicht, dass er an diesem Tage zum Magister und Baccalaureus promovirt wurde.[35]) Seine Dissertation ist leider nicht erhalten, nicht einmal der Titel derselben, aber wir besitzen aus dieser Zeit ein anderes schätzenswerthes Dokument. Auf jedem neuen Magister nämlich pflegte bei seinem Abgange von der

28) Beilage III Vers 38.
29) Beilage III Vers 39.
30) Beilage III Vers 39.
31) Beilage III Vers 40.
32) Beilage III Vers 44.
33) Beilage III Vers 43.
34) Vetters Colectaneen im Archiv der philosophischen Facultät zu Leipzig.
35) Matric. Fac. Philos. Lips. vol. 1616--1671 num. 14390. Von den 26 petitores, die sich im Jahre 1661 um die Magisterwürde bewarben, hatten 19 schon vorher den Grad des Baccalaureats erworben, die 7 andern (irrthümlich zählt der damalige Decan der Facultät Professor Kühn VI posteriores, es muss VII posteriores heissen und Velten ist der siebente dieser Reihe) wurden gleichzeitig Magistri und Baccalaurei. Vergl. Beilage III Vers 36.

Universität ein Lobgedicht gefertigt zu werden, und
auch Velten erhielt ein solches. Es ist in dem Latein
jener Epoche abgefasst, welches die Einwirkung der
schlesischen Schule deutlich erkennen lässt und hat den
Magister Friedrich Rappoldi zum Verfasser.[36]

Da nun also Velten bereits 1661 Magister war, so
kann er nicht 1669 als Student bei jener erwähnten Po-
lyeuct-Aufführung mitgewirkt und erst später den Dok-
tor-Titel erlangt haben. Ueberdies war, wie wir weiter
unten sehen werden, Velten wahrscheinlich bereits 1668
Führer einer Schauspielerbande. Auch ist jene Aufführung, welche den Wendepunkt in Veltens Leben be-
zeichnen soll, von mindestens zweifelhafter Realität; in
den Akten der Raths-, Universitäts-, und Fakultäts-Ar-
chive und ebenso in der Chronik der Stadt Leipzig findet
sich auch nicht die geringste Andeutung einer solchen
Aufführung, zu der doch eine behördliche Erlaubniss
nöthig gewesen wäre.

Wann Velten sich dem Schauspielerstande zuge-
wendet hat, lässt sich mit Sicherheit nicht feststellen;
doch mag dieser Zeitpunkt zwischen die Jahre 1665 und
1667 zu setzen sein. Es ist nämlich unwahrscheinlich,
dass Velten diesen Schritt thun konnte, so lange sein
Vater lebte, ohne dass ein Bruch zwischen Vater und
Sohn die Folge davon gewesen wäre. Ein solcher Bruch
scheint aber nicht stattgefunden zu haben, denn, als der
Vater am 11. Mai 1664 starb[37], erbte Johannes mit, ein
Beweis, dass er von seinem Vater nicht verstossen war;
ja er hatte sogar die Erbtheilung zu leiten. Bei dem
langsamen Gang des Gerichtsverfahrens und dem er-
schwerenden Umstand, dass Kinder aus drei verschiedenen Ehen erbberechtigt waren, muss dieses Geschäft
einen grossen Aufwand von Zeit erheischt haben. Erst
als i. J. 1665 Matthias[38], der Onkel des Johannes,

36) Vergl. Beilage III.
37) Beilage I No. 4.
38) Beilage I No. 2.

ebenfalls gestorben war, konnte Velten Schauspieler
werden, ohne dass dadurch ein offizieller Skandal ent-
standen wäre; da sich aber die Spur eines solchen in den
Akten[39]) nicht findet, so scheint es wahrscheinlich, dass
Velten erst nach 1665 Schauspieler wurde. Da aber
Velten andererseits 1668 bereits als Führer einer Bande
genannt wird, so muss der Beginn seiner theatralischen
Laufbahn zwischen diesen Jahren liegen.

Ob Velten sich nun gleich anfangs eine eigene „Compagnie" bildete, oder ob er sich einer der damals be-
stehenden Truppen anschloss, bleibt ungewiss; die An-
sicht Brachvogels[40]), dass Velten zuerst unter der Prinzipalschaft Carl Pauls gespielt und sich nach dem Tode
des Führers aus den Trümmern dieser Gesellschaft seine
„berühmte Bande" gebildet habe, entbehrt jeder Begrün-
dung. Die erste Nachricht von Veltens theatralischer
Thätigkeit stammt aus Nürnberg. „Im Jahre 1668 spielte
eine Gesellschaft hochdeutscher Comödianten in Nürnberg. Ihr Haupt war „ein gewisser Magister Veltheim".
Auch führte er auf öffentlichem Schauplatz in der welt-
berühmten Kaiserlichen Reichstadt Nürnberg auf am
13. October 1668: ‚Geistliches Hirtenspiel des sündbereuenden Johannes de Veromond".[41])

Als Führer einer Truppe, und zwar der „berühmten Bande" finden wir Velten erst von 1678 an; welches
seine künstlerische Thätigkeit in der Zwischenzeit war,
wissen wir nicht. Aber in diese Zeit fällt seine Ver-

---

39) Ich habe weder in den Prozessakten des Hallischen Archivs
noch in den Enterbungsprotokollen desselben die Andeutung eines solchen
auffinden können. Der Name Velten kommt in den Hallischen Acten
überhaupt nur einmal, bei Gelegenheit einer Steuerkontribution vor, welche
Mathias Velten betraf.

40) Geschichte des Königlichen Theaters zu Berlin. Von A. E. Brachvogel, Berlin 1877—78. Th. I, pag. 29.

41) F. E. Hysel: Das Theater zu Nürnberg von 1612—1823. Nürnberg 1863 p. 32—33. Dieses Buch enthält aber soviel Irrthümer und
falsche Angaben, dass man auch dieser Nachricht nicht unbedingten Glau-
ben schenken kann.

mählung mit Catharina Elisabeth ⁴²) – über ihren
Vatersnamen sind wir nicht unterrichtet – welche in
späterer Zeit eine nicht unbedeutende Rolle spielte. Im
Jahre 1691 nämlich hatte Velten bereits eine Tochter,
welche als Schauspielerin in seiner Truppe mitwirkte⁴³),
während diese Tochter im Jahre 1685 noch nicht als
Schauspielerin aufgeführt ist.⁴⁴) Da nun also Veltens
Tochter zwischen den Jahren 1685 und 1691 ein bühnen-
fähiges Alter erreichte, so muss seine Heirath in die
Jahre 1671 bis 73 fallen.

In der Mitte der siebziger Jahre durchstreifte nun
Velten als Prinzipal einer Truppe Süddeutschland, wie
seine Versuche, in Frankfurt a. M. Spielerlaubniss zu
erhalten, beweisen.⁴⁵) Doch den Wendepunkt in seinem
Geschick bezeichnet erst das Jahr 1678, in welchem ein
kunstsinniger Fürst ihn an seinen Hof rief. Im Februar
dieses Jahres nämlich fand in Dresden eine Zusammenkunft des Hauses Sachsen statt, welche durch grossartige
Festlichkeiten gefeiert wurde, und Velten ward mit seiner Truppe an den Hof berufen, um den theatralischen
Theil dieser Belustigungen auszuführen. Auf Befehl des
Kurfürsten Johann Georg II. beschrieb der Bürgermeister
von Dresden diese Hoftage in einem Prachtwerke, welches uns auch einen Einblick in die Thätigkeit Velten's
bei der Feier gewährt.⁴⁶) In dem prächtigen, 1684 er-
bauten Komödienhaus (nicht im Riesensaal des Schlosses,
wie Fürstenau sagt⁴⁷), spielte Velten vom 6. bis 27. Februar
6 Stücke, welche sich mit ihrem Inhalt meist an eine
vorangegangene Festlichkeit anschlossen und mit einem

42) Der Vorname wird oft falsch berichtet. Dreyhaupt in seiner
Beschreibung des Saalkreyses Th. II p. 182 nennt sie Anna Elisabeth, und
Opel in seinem: „Kampf der Stadt Halle" folgt ihm darin. Der Name
Catharina Elisabeth ist aber durch ihre eigene Unterschrift verbürgt. Vgl.
Leipziger Rathsarchiv C 64 XXIV. A. 1.

43) Fürstenau I p. 311.　　　　44) Fürstenau I 272.
45) Mentzel p. 103.
46) Die durchlauchtigste Zusammenkunft etc. von Gabriel Tzschimmer,
Nürnberg 1679.
47) Fürstenau I p. 251.

Ballet endeten, welches auf das eben gespielte Stück Bezug nahm.[48]) Diese Vorstellungen hatten ihm die Gunst des Kurfürsten gewonnen und ihm und seiner Truppe, wie er 1682 in einem Bittgesuche an den Leipziger Magistrat hervorhebt, die Erlaubniss verschafft, sich „die Chur-Sächsische Komödianten-Gesellschaft zu schreiben und zu nennen."[49])

Aber nicht nur bei Hofe, sondern auch beim Publikum fand Velten Anklang, und so spielte er denn während des Mai[50]) und im November[51]) in Dresden mit der Vergünstigung, seine Komödien im „Komödienhause prä-

---

48) Tzschimmer I p. 132—4, 149—52, 204—6, 209 -11, 213—15, 288, 303—4.

49) Diese Eingabe (auf welche noch mehrmals Bezug genommen werden wird) ist bei Blümner: Geschichte des Theaters zu Leipzig, Leipzig 1818, p. 21 abgedruckt, aber so ungenau, dass ich hier den Wortlaut des Originals hinzufüge (Leipziger Raths-Archiv O 84 XYIV t. 4):

„Magnifici Wol Edle, Grossachbare Hoch- und Wolgelehrte auch Hoch- und Wol Weise, Gross Günstige Hochgebietende Herren.

Die Erinnerung, das E. Magnif. und Wol Edl. Herrligl: Vor diessen die Erlaubnüss des agirens Zeith werender Messe gnädig mir Vergönnet haben,': davor ich noch bis itzo gehorsamen Dank sage : Hat mich angetrieben, das ich auch dies mal mit meiner Gesellschaft in 14 personen bestehend, mich von Frankfur am Mayn anhero begeben Gelanget demnach an E. Magnif. und Wol Edl. Herrl. mein abermaliges unterthäniges und inständiges Bithen, gnädig mir zu erlauben, dass ich Zeith werender dieser Michaelis-Messe etliche gute, neue und ohntadeliche Schauspiele aufführen möge, hoffentlich zu guter Vergnügung der Herren Zuschauer, wie denn auch vor diesen Ihrer Churfürstlichen Durchl. Gloorwürdigsten Andenkens, auch unsern itzigen Gnädigsten Churfürsten und Herrn, Herrn und in unterschiedlichen mahlen zu Gnädigstem Wolgefallen aufgewartet habe, auch deshalben mir sambt meinen leuthen gnädigst erlaubet worden, uns die Chur-Sächsische Comoedianten Geselschafft zu schreiben und zu uennen. In Betrachtung nun meiner grossen aufgewendeten Reisekosten welche sich über hundert Thaler belauffen auch in Hofnung, dass mir und meiner Geselschafft alss respective Landeskindern und Eingebohrenen, die Freyheit der Messe sowol alss einem Frembden und Aussheimischen zu stathen kommen und gedeyen werde Alss getröstet sich einer gnädigen Erhörung und Gewährung seiner Bith Euer Magnif. auch Wol-Edlen Gross Achbaren Herrligkeiten unterthäniger gehorsamer Johann Velten von Hall aus Sachsen."

50) Fürstenau I p. 255.   51) ebendas.

sentiren"[52] zu dürfen, so dass er die Kosten zur Erbauung
einer eignen Bühne sparte.

Von Dresden wandte sich Velten wieder dem Süden
zu und gab bis zum Juli 1679 in Nürnberg Vorstellungen, zu welchen ihm das grosse Fechthaus eingeräumt
wurde.[53] Von Nürnberg begab er sich nach Worms,
wo ihm die besondere Ehre zu theil wurde, vor dem
Kaiser Leopold I. zu spielen.[54]

Noch in demselben Monat fragte er in Frankfurt
an, ob man ihm die Spielerlaubniss geben würde, und
diesesmal traf eine bejahende Antwort ein, da Friede und
guter Gesundheitszustand in der Stadt herrschten. Schon
vor ihm hatte der Principal der „Wienerischen Compagnie"
Spielconcession nachgesucht, und der Rath ihm dieselbe
nur zugestanden, wenn er mit Velten abwechselnd spielen wollte.[55] Dieser Principal war Elendsohn, ein frühe-
res Mitglied der „berühmten Bande". Nachdem nun beide
Gesellschaften während der Messe gespielt hatten, Elendsohn
aber von Velten derartig überflügelt war, dass seine Vorstellungen kaum besucht wurden, und er dadurch in die
drückendsten Schulden gerathen war, befreite ihn Velten
aus dieser Lage und unterstützte ihn mit Reisegeld.[56]
Er selbst blieb noch in Frankfurt und suchte dann Cöln
auf, wo er nach wiederholten Bitten Spielerlaubniss erhalten hatte.[57] Der sächsische Hof feierte im folgenden
Jahre den Carneval in Torgau, und Velten reiste im Januar 1680 dorthin. Er spielte in Torgau während des
Februar und März.[58]

Am 22. August 1680 starb aber sein Gönner Johann
Georg II.; mithin war in Sachsen Landestrauer, so dass
Velten wieder im Auslande sein Glück versuchen musste.
Er begab sich nach Frankfurt[59] und Cöln[60]. Erst das

52) Fürstenau I p. 255.   53) Hysel p. 53.
54) Mentzel p. 103.   55) Mentzel p. 106.
57) Mentzel p. 110.
58) Ein Hofdiarium der Kgl. Bibl. in Dresden M. S. K. Dresd. K. 91
giebt darüber Auskunft.
59) Mentzel p. 110.   60) ebendas.

Jahr 1681 sah ihn wieder in Sachsen, und zwar spielte er in Leipzig während der Michaelis-Messe.[61]

Das Ende des Jahres 1681 und das Jahr 1682 verbrachte Velten wieder in Süddeutschland, indem er in Nürnberg, Regensburg, Augsburg und München Vorstellungen gab und von der Ostermesse bis zum Juni wieder in Frankfurt spielte[62], wo er seit 1670 ein eigenes Theater „im Ballenhause am Krachbein" hatte.[63] Den Sommer 1682 verbrachte er wieder in Dresden.[64] Anfangs September aber kehrte er wieder nach Frankfurt in sein Theater zurück[65] und blieb bis zum Ende des Octobers dort, nachdem ihm der Rath der Stadt seine Concession auf Fürbitte „der Frauenzimmer derer anwesenden Gesandten und anderer ihres Gleichen" zweimal verlängert hatte.[66] Eine derartige Fürbitte steht wohl einzig in der Theatergeschichte da. Zur Michaelismesse 1683 konnte aber Velten die Erlaubniss, in Frankfurt zu spielen, nicht erhalten, weil die Kriegsläufte die Gemüther der Frankfurter zu ängstlich gemacht hatten.[67] Infolge dessen wandte er sich nach Leipzig[68], wo er die Spielerlaubniss erhielt.[69]

Während des Carnevals 1684 gab er in Dresden im Taubischen Garten Vorstellungen, welche dem Kurfürsten so gefielen, dass er beschloss, dem früher verliehenen Titel nun auch die wirkliche Anstellung folgen zu lassen.

---

61) Vergl. p. 14 Anm. 49.
62) Mentzel p. 110—112.   63) Mentzel p. 109.
64) Dies geht aus dem Befürwortungsschreiben des Hofmarschalls von Haugwitz, welches das erwähnte Bittgesuch Veltens unterstützen sollte, hervor: . . . . . Es ist die Compagnie derer Comoedianten : welche sich diesen Sommer allhier in Dresden aufgehalten :, bei mir eingekommen, und gebeten, dass Ihnen bevorstehende Michaelis-Messe in Leipzig zu agiren verstattet werden möchte; Wann denn ich für meine Persohn keine Diffikultäten dabei finde und auch nicht zweifelt, dass Ew. Churfstl. Durchl. mein gnädigster Herr dieselben gnädigst zu finden sein werden. Leipziger Raths-Archiv O 89 XXIV A 4.
65) Mentzel p. 113.   66) ebendas.   67) ebendas.
68) S. p. 9 Anm. 49 und p. 11 Anm. 64. Mentzel vermuthet, da in den Acten zu Frankfurt sich nichts darüber findet, dass Veltens Anfrage eine mündliche gewesen ist.   69) ebendas.

Im Jahre 1685 fand die Ausfertigung der Bestallungs-
urkunden statt: drei schon früher angestellte Schauspieler
Christian Starke, Wolfgang Riese und Christoph
Paceli blieben bei der neuen Truppe, die von Joh. Velten, dessen Frau, Gottfried Salzhueter (Salzsieder),
Christian Janetzky, Reinhold Richter, Balthasar
Brombacher, dessen Frau (der Schwester Catharina
Elisabeth Veltens) und Christian Dorsch gebildet
wurde[70]); als im folgenden Jahre Paceli starb, ward eine
dritte Schauspielerin in die Truppe aufgenommen, die
durch ihre Schönheit berühmte[71]) Sara von Boxberg.[72])

Velten hatte sich in seinem Kontracte ausbedungen,
dass er, wenn er seiner Pflicht bei Hofe genügt hätte,
die alten Wanderzüge wieder aufnehmen dürfte[73]); und,
als nach der Carnevalszeit[74]) der Hof keine Ansprüche
mehr an ihn machte, begab er sich daher nach Leipzig,
wo er während der Michaelismesse Vorstellungen gab[75]),
und in demselben Jahre 1686 scheint er auch Süddeutschland wieder bereist zu haben, wenigstens spielte er wieder in Frankfurt in seinem Theater[76]), und erst im Januar 1687 kehrte er nach Dresden zurück.[77])

Hier aber war durch den Tod der Kurfürstin-Mutter
Hoftrauer eingetreten. Vergeblich suchte Velten, wie er
in einem Schreiben an den Kurfürsten[78]) hervorhebt, an
Höfen und in Städten, wo er sonst ein gern gesehener
Gast gewesen war, um Spielerlaubniss nach; Hoftrauer
und Kriegsläufte verschlossen ihm überall die Thore. So
bat er denn im Juli um eine Extra-Gratification und der
Kurfürst gewährte ihm die Bitte.[79]) Fast ein Jahr lang
scheint Velten nicht gespielt zu haben, erst im Juni 1688
hören wir wieder von seinem Auftreten, und zwar in

70) Fürstenau I p. 272.   71) Mentzel p. 119.
72) Fürstenau I p. 272.   73) Fürstenau I p. 272.
74) Fürstenau I p. 291.
75) Leipziger Raths-Archiv O.'89 XXIV A. 4.
76) Mentzel p. 117.   77) Fürstenau I p. 275.
78) Devrient, Geschichte der Schauspielkunst I p. 261.
79) ebendas.

Hamburg.[80]) Dort spielte er 45 Mal. Nämlich von 3 Stücken nebst ihren Nachkomödien sind uns in den Hamburger Akten die Titel überliefert; und da in den Protokollen jener Zeit immer nur die Stücke namhaft gemacht werden, die „Rathskomödien" waren, d. h. zum Dank für die Erlaubniss, 14 Mal spielen zu dürfen, dem Rathe, der hierzu in corpore erschien, gratis gegeben wurden, so kann man nach der Zahl der protokollirten Komödientitel die Anzahl der Spieltage berechnen.

Sobald die Festlichkeiten des Carnevals 1689 in Dresden ihren Anfang nahmen, kehrte Velten dorthin zurück und spielte bis 1690 nur in Dresden und Leipzig, wohin er seit 1683 fast alljährlich zu gehen pflegte.[81]) Im Jahre 1690 hielt der Kurfürst in Torgau die Carnevalsfeier ab, und Velten siedelte mit dem Hofe dorthin über. In zwei Monaten gab er 44[82]) Vorstellungen; er spielte also ausser Sonnabend und Sonntag, wo des Gottesdienstes wegen überhaupt keine öffentlichen Belustigungen abgehalten werden durften, täglich.

Nach solchen Anstrengungen folgte eine Zeit der Ruhe; dann aber begann Velten wieder seinen Urlaub zu Wanderzügen zu benutzen. Am 26. Juni erhielt er durch ein Dekret[83]) des Kurfürsten von Brandenburg „bis auf fernere gnädigste Verordnung" Spielerlaubniss für Brandenburg, eine Art Patent im Lande Vorstellungen geben zu dürfen. Dieses Dekret hatte ihm der Statthalter Herzog von Anhalt ausgewirkt.[84])

In Berlin spielte Velten 1691, aber nicht ohne eine schmerzliche Erinnerung mit fortzunehmen, welche nur das Vorspiel eines weit traurigeren Vorkommnisses sein sollte.

Schon längst nämlich waren die weltlichen Schauspielvorstellungen der Kirche ein Aergerniss gewesen Die Ausbildung eines selbständigen Schauspielerstandes,

80) Joh. Friedr. Schütze: Hamburgische Theatergeschichte. Hamburg 1794. p. 24. — Devrient I p. 247.

81) Fürstenau I p. 275.   82) Fürstenau I p. 307.

83) Brachvogel I p. 47.   84) Brachvogel I p. 50.

dessen Leistungen anfingen auch auf die gebildeten Kreise
zu wirken, und der seine Stoffe nicht mehr der Bibel
und der geistlichen Sphäre entlehnte, machten denselben
zu einer Macht, welche der Kirche unbequem zu werden
drohte. In letzter Zeit, besonders seit dem Aufblühen
des Franke-Spener'schen Pietismus, waren die Verfolgun-
gen häufiger, die Angriffe heftiger geworden. In Dresden hatte der fromme Spener sogar von der ·Kanzel
herab gegen Oper und Schauspiel geeifert. Seit Anton
Reisers Theatromania [85]) sogar die Kirchenväter als
Feinde der Schauspiele ins Feld geführt hatte, mehrten
sich die Streitschriften, und allerwegen nahm die Geistlichkeit gegen das Theater Partei. In Berlin erfolgte
der erste persönliche Zusammenstoss.

Als Velten nämlich in Berlin das Abendmahl nehmen
und mit seinem Courtisan Schernitzky die Kirche betreten wollte — da wurde ihm dasselbe von der Geistlichkeit verweigert. [86]) Velten führte deswegen direkt
beim Kurfürsten Klage und die Geistlichkeit erhielt einen
ernstlichen Verweis. [87])

Von Berlin kehrte Velten nach Dresden zurück. [88])
Seine Truppe bestand damals, wie seit 1683 fast immer [89]),
aus 14 Personen. Ausser Velten gehörten ihr an: seine
Frau, seine Tochter, Christian Starke, Joh. Wolfgang Riese, Gottfried Salzhueter (Salzsieder), Reinhold und Hermann Richter, dessen Frau [90]), Benjamin Pfenning, Elias Adler, David Bamberger
Christian Möller, dessen Frau. [91])

Velten stand jetzt auf dem Höhepunkt seines Ruhmes
und Glückes.

85) Theatromania oder die Werke der Finsterniss in denen öffentlichen Schau-Spielen etc. von L. Anton Reiser von Augsburg der Zeit Pastor
bei St. Jacob in Hamburg. Im 1681. Jahr.

86) Brachvogel I p. 58.   87) ebendas.

88) Fürstenau I p. 311.   89) S. p. 5 Anm.

90) Wahrscheinlich ist diese oder auch die Frau Christian Möllers
die oben erwähnte Sara von Boxberg.

91) Fürstenau I p. 311.

Ein kunstliebender Fürst hatte ihn in seinen Dienst genommen, ihm ein festes Heim gegeben, schirmte und förderte ihn; er besass eine gut geschulte Truppe, einen festen Stamm von Schauspielern, und sein Ruhm ging weit über die Grenzen seines Vaterlandes hinaus.

Da starb am 16. September 1691 der Kurfürst Johann Georg III. Er hatte Veltens Glück begründet, mit seinem Tode sank dasselbe dahin.

Im Beginn des Jahres 1662 entliess [92] der neue Kurfürst Johann Georg IV., der keinen Geschmack am deutschen Schauspiel fand und die 2000 Thaler, die dasselbe bisher gekostet hatte [93]), lieber der Oper oder fremdländischen Schauspielern zuwenden wollte, die deutschen Hofkomödianten; der rückständige Lohn für die zwei Quartale der Trauerzeit ward ausgezahlt [94]), ihnen der Titel gelassen [95]), und Velten verliess im Februar 1692 Dresden, um damit von neuem zu beginnen, womit er vor einem halben Menschenalter angefangen hatte: heimathlos ins Ungewisse zu wandern. So wandte er sich denn nach Berlin. [96]) Aber der Italiener Sebastian da Scio [97]) hatte den Geschmack der Berliner durch seine Possen derartig verdorben, dass Velten mit seiner ernsteren Spielweise keinen Anklang fand.

Er setzte seinen Wanderstab weiter; nach kurzem Umherziehen langte er in Hamburg an. Das Bitterste sollte ihm hier nicht erspart bleiben. Als er, auf den Tod erkrankt, das Abendmahl verlangte, wurde ihm dies abermals verweigert. [98]) Eine Genugthuung, wie jener Berliner Verweis es gewesen, sollte er nicht mehr erleben, denn 1692 starb Johannes Velten einundfünfzig Jahr alt in Hamburg.

Wenn auch direkte Belege dafür fehlen, dass Velten

92) Fürstenau I p. 314.   93) Fürstenau I p. 311.
04) Fürstenau I p. 314.   95) ebendas.
96) Brachvogel I p. 52.
97) Sebastian da Scio war Schauspieler und Charlatan. Brachv. I p. 51 und Leipz. R.-Arch. O. 98 XXIV A. 4.
98) Schütze p. 54.

damals in Hamburg starb — denn Kirchenbücher aus
jener Zeit sind nicht mehr vorhanden und in den Begräb-
niss-Registern ist Veltens Name nicht verzeichnet - , so
ist dieses Datum doch unzweifelhaft richtig. Im Juli 1693
bitten nämlich Christian und Gabriel Möller den
Leipziger Magistrat um Spieleraubniss und bemerken
dabei: „dass nach Absterben Seel. Johann Velthens /: Di-
rektors der gewesenen Chursächsischen Bande Comödianten :/ ich und mein Bruder die Bande wieder aufgerichtet
haben." [99]) Da also Velten im Juli 1693 schon todt war,
ihn aber etwa ein Jahr zuvor „eine schwere Krankheit"
befiel [100]), so ist es unzweifelhaft, dass er an jener Krankheit starb.

In der Zeit seiner Prinzipalschaft haben folgende
Schauspieler und Schauspielerinnen unter ihm gewirkt:
Catharina Elisabeth Veltin, deren Tochter, Baltha-
sar Brombacher, dessen Frau [101]), Sara von Boxberg,
Christian Dorsch, Christian Starke, Joh. Wolf-
gang Riese, Christian Paceli, Gottfried Salz-
sieder (Salzhueter), Herrmann Richter, dessen Frau,
Reinhard Richter, dessen Frau, Christian Möller,
dessen Frau, Gabriel Möller, dessen Frau, Benjamin
Pfenning, Elias Adler, David Bamberger, Christian
Schernitzky, Joseph Janetzschky, Andreas Elendsohn, Maria Margarethe Elendsohn. [102])

Viele dieser Comödianten gründeten eigene Prinzipal-
schaften, aber keine derselben erreichte die Berühmtheit
und Bedeutung, welche Johannes Velten gehabt hatte.

- - - -

99) Leipz. R.- Arch. O 48 YXIV A 4.
100) Schütze p. 53.   101) Veltens Schwägerin.
102) Die beiden Letzteren haben nur kurze Zeit unter Velten gespielt, da sie bereits 1678 eine eigene Prinzipalschaft hatten. (Mentzel
p. 106.) Maria Margarethe Elendsohn hatte bereits 1685 zwei Söhne.
Mentzel p. 125.) So wird wohl die 1725 an Hoffmann verheirathete Sophie
Julie Elendsohn die Gattin von Julius Franz Elendsohn, eines Sohnes von
Andreas Elendsohn gewesen sein.

II.

Johannes Veltens Wirken.

Von Veltens theatralischer Thätigkeit haben wir keine direkten Nachrichten. Was als solche zu gelten pflegte, ist nichts als mündliche Theatertradition. Quellen zur Kenntniss seiner Wirksamkeit besitzen wir nur in seinem Repertoir, dessen Titel uns wenigstens bruchstückweise erhalten und hauptsächlich durch die Bemühungen Moritz Fürstenau's ans Licht gezogen sind. Einige Beweise seiner Neuerungen erhalten wir auch aus den Personenverzeichnissen seiner Truppe und endlich aus Rechnungen, Bittgesuchen und Bemerkungen, welche uns über die scenische Ausstattung seiner Aufführungen einigen Aufschluss geben.

Die Titel der von Velten aufgeführten Stücke sind uns nur theilweis und oft fehlerhaft durch zeitgenössische Akten und Hofdiarien erhalten. Die in Dresden und Torgau gespielten Dramen hat, ausser einigen ins Jahr 1680 fallenden[1], Moritz Fürstenau[2] gesammelt, aber oft ungenau wiedergegeben, über die Aufführungen in andern Städten unterrichten uns E. Mentzel[3], Schütze[4], Devrient[5] und Hysel.[6]

1668.

1. **Geistliches Hirtenspiel von dem Sündbereuenden Johannes de Veromond.**[7] Das Drama, welches diesen

---

1) Diese fand ich in Dresden auf.
2) In den Theil I angeführten Werken.
3) ebendas.   4) ebendas.   5) ebendas.   6) ebendas.
7) Hysel p. 32.

Titel führte, scheint gänzlich verschollen zu sein; es war mir nicht möglich eine Spur von ihm zu finden.

1678.

2. Comoedie von dem Erzvater Joseph.[8]) Bei Fürstenau lautet der Titel: „3 Thl. vom keuschen Joseph"[9]), aber Gabriel Ttzschimmer[10]), der auch den Inhalt des Dramas angiebt, führt es unter dem oben genannten Titel auf.

Der erste Theil dieses Dramas handelt von der Geschichte Josephs bis zu seiner Traumauslegung, die sich dadurch bewahrheitet, dass der Oberste Becker gehängt wird, womit dieser Theil schliesst. Der zweite Theil behandelt Josephs Hofleben und endet mit der Beschenkung seiner Brüder. Der dritte Theil reicht bis zur Aufnahme der Familie des Joseph durch Pharao. Dieser Stoff ist schon früh dramatisirt worden; in Dresden hatte ein gewisser Andreas Cotta schon 1612 ein Drama „Joseph" verfasst und aufgeführt.[11]) Die Jahre 1665[12]), 1669[13]), 1671[14]) und 1672[15]) hatten Aufführungen des „Joseph" anfangs in zweitheiliger, 1672 in dreitheiliger Bearbeitung gebracht. Beachtet man die bei Ttzschimmer gegebene Inhaltsangabe und Eintheilung und nimmt man an, dass der Aufführung von 1672 und 1678 dieselbe Bearbeitung zu Grunde lag, so wird es wahrscheinlich, dass wir es mit einer Uebersetzung aus dem Holländischen zu thun haben. Im Jahre 1671, also ein Jahr vor der ersten Aufführung in 3 Theilen, erschien nämlich ein Drama von Joost van Vondel, welches die Geschichte des Joseph in drei Theilen behandelt: I. Joseph in Egypten, II. Joseph in t'hof, III. Pharao.[16])

---

8) Fürstenau I p. 251. 9) ebendas.

10) Gabriel Ttzschimmer I p. 132 — 134, 149 — 153.

11) Fürstenau I p. 80. 12) Fürstenau I p. 223.

13) Fürstenau I p. 229. 14) Fürstenau I p. 231.

15) Fürstenau I p. 235.

16) Catalogus van een zeer uitnemende fraaie Verzameling van Neder-duitsche Tooneel Spellen etc. Amsterdam 1754 (Tongerlösche Bibliothek) p. 83 Nr. 297. Dieses seltene Verzeichniss befindet sich auf der Grossherzogl. Bibliothek zu Weimar. Es wird in Folgend. Tong. Cat. citirt werden.

3. Tragicomoedie von Amadis.[17] Der Inhalt, den

Ttzschimmer[18]) angiebt, beweist, dass dieses Drama sich lediglich mit der Geschichte der Eltern des Amadis beschäftigt und damit schliesst, dass diese ihren Sohn wiedererkennen.

König Garinter in England trifft auf einer Jagd, als er sich verirrt hat, den König Perion von Frankreich, als dieser zwei Ritter erschlägt welche ihn ermorden wollten. Garinter nimmt den König mit an seinen Hof, wo Elisena, die Tochter Garinters, und Perion in gegenseitiger Liebe entbrennen. Elisena besucht mit ihrer Kammerfrau Darioletta den Perion in seinem Schlafgemach, und während der König die Liebe der Prinzessin geniesst, vergräbt Darioletta das Schwert Perions im Garten. Beim Abschied giebt Perion der Elisena einen kostbaren Ring. Elisena gebiert einen Knaben, den sie in einem Kasten aussetzt. Gandales, ein vornehmer Herr aus Schottland, findet das Kind auf dem Meere und nimmt es mit nach Schottland. König Perion hat einen wunderbaren Traum, den ihm eine Wahrsagerin Urganda so auslegt, dass, wenn er seinen verlorenen Sohn wiederfinden würde, ihm Irland verloren sei. Indessen ist der gefundene Knabe ein tapferer Jüngling geworden, der den Namen Amadis erhalten hat, und er wird von Gandales dem Könige Languines von Schottland geschenkt. Lisuart König von England trägt grosses Verlangen nach seiner Tochter Oriana, die beim König Languines zu Besuch ist. Oriana kehrt mit dem königlichen Fräulein Mabila nach England zurück und erzählt, dass sie das Wachs (wahrscheinlich das Nägelwachs) des Amadis auf dem Meere gefunden und dadurch dessen Namen und Stand erfahren habe. König Perion besucht mit seiner Gattin Elisena und Darioletta den Schottenkönig Languines, um ihn um Hilfe gegen Abies den König von Irland zu bitten. Am Hofe schlägt Perion den Ama-

17) Fürstenau I p. 251.
18) Ttzschimmer I p. 209—211.

dis zum Ritter, ohne zu wissen, dass es sein Sohn sei; nachdem dieser von einer abenteuerreichen Reise zurückgekehrt ist und sich Oriana zur Gattin erkoren hat, erkennen Perion und Elisena den Amadis als ihren Sohn. Schon 1557 wurde dieser beliebte Roman dramatisirt: Comoedia von des Ritters Amadisens aus Frankreich Thaten. Allererste Comoedia, Dresden 1557.[19] Allein der Inhalt des 1678 aufgeführten Amadis stimmt damit nicht überein. Wir haben dagegen ein ebenfalls sehr altes Drama, welches dieser Aufführung zu Grunde liegen mag, von dem Dresdener Hofbarbier Melchior Meyer, der schon 1613 bei einer Eingabe daran erinnert, dass er „vordem die Historie von dem Amadis aus Frankreich auch seine Ankunft und Wiedererkenntnuss seiner Eltern Comoedienweiss ins Werk gerichtet."[20]

4. Comoedie von Christabella.[21] Der Inhalt[22] dieses Stückes weist darauf hin, dass wir es hier mit einem dramatisirten Romanstoffe zu thun haben.

Christabella des Herzogs von Artois einzige Tochter liebt im Geheimen den Ritter Eglamor, während sie dem Prinzen Constantius vermählt werden soll. Eglamors Bruder Treamor hört von der Werbung des Constantius, offenbart dem Herzog von Artois die heimliche Liebe Christabellas mit Eglamor und fordert Constantius zum Kampfe. Eglamor, der durch seinen Bruder die Werbung Constantius' erfährt, geht mit Heeresmacht vor die Residenz des Herzogs von Artois, nimmt den Constantius gefangen. Treamor lässt ihn unter der Bedingung frei, dass er die Liebe der Christabella nicht suchen wolle, bis er einen Ritter zum Kampfe gestellt, der ihn zuvor überwunden. Eglamor wird aus dem Reiche verbannt; er geht in die Dienste des Mohrenkönigs, der gegen den Kaiser zu Felde zieht und diesen besiegt. Eglamor geht nach Artois zurück, wird gefangen und

19) Goedeke Grdr. 2. Aufl. II p. 369.
20) Fürstenau I p. 68.   21) Fürstenau I p. 251.
22) Ttzschimmer I p. 209--211.

dem Kaiser ausgeliefert. Constantius, sich seines Eides
erinnernd, fordert den Eglamor auf, mit Treamor zu
kämpfen. Die Brüder erkennen sich. Treamor aber legt
sein Schwert dem Eglamor zu Füssen und bittet um Ver-
zeihung. Constantius, hiervon gerührt, versöhnt sich mit
ihnen, verzichtet auf Christabella und sucht den Herzog
von Artois umzustimmen. Der aber verbannt den Eglamor wiederum und setzt die Christabella nebst ihrem
Sohn auf ein Schiff ohne Segel und Ruder. Sie wird
nach Frankreich verschlagen. Sie geht mit dem Sohne
an Land, verirrt sich im Walde und verlässt ihn einen
Augenblick um ihm Speise zu suchen. Unterdessen findet der König von Frankreich, der im Walde jagt,
den Knaben und übergiebt ihn einem Bedienten, denselben aufzuziehen. Christabella kehrt zurück und als sie
ihr Kind nicht findet, begiebt sie sich wieder auf ihr
Schiff. Sie gelangt nach England und wird hier vor
den jungen König von England gebracht, der sie
bittet, sein Weib zu werden; sie aber sagt, dass sie bereits vermählt sei.

Eine längere Zeit darauf veranstaltet der König von
England ein Tournier und setzt die Christabella als Preis
aus. Hierzu erscheinen der König von Frankreich
mit dem von ihm gefundenen und auferzogenen jungen
Ritter, Prinz Constantius, der Mohrenkönig, Treamor und
Eglamor. Constantius wird von dem jungen Ritter, der
Mohrenkönig von Treamor überwunden; Treamor wird
von Christabella, der junge Ritter aber als Sohn Eglamors und Christabellas erkannt, worauf der junge Ritter
mit der Tochter des Königs von England vermählt wird.

Treamor und Eglamor sind Helden englischer
Romanzen.[23]) Schon in England hatte sich die dramatische Litteratur dieses Stoffes bemächtigt, und die englischen Comödianten brachten eine „Christabella" mit nach
Deutschland, wo sie dieses Stück 1626 in Dresden zur

23) Specimens of Early English Metrical Romances by George Ellis.
Revided by E. O. Halliwell. London 1848, p. 487—505; 527—538.

Aufführung brachten.[24] Auch in Prag wurde diese Comödie ungefähr um dieselbe Zeit von Johannes Schilling, der die Kunst des Springens mit der dramatischen verband, aufgeführt: „Von den zwei streitbaren Rittern Etelmor und Trauenmor"[25]. Auch 1671 gab man die Christabella in Torgau, wo sie Dresdener Schauspieler spielten.[26]

5. Tragoedie von dem wilden Mann in Kreta.[27] Auch hier haben wir es mit einem englischen Drama zu thun. 1660 wurde es von Engländern am Dresdener Hofe gegeben[28] und 1668 ebenda von deutschen Schauspielern wiederholt.[29] Es ist eine höchst blutige Tragödie, in der von 8 betheiligten Personen 6 ihren Tod finden.[30]

Prinz Serule nämlich, der einzige Sohn des Königs von Sardinien, geht in Begleitung seines Hofmeisters Morle auf Reisen. Als sie nach Kreta gelangen, treffen sie dort Juliana, die Tochter des Königs von Kreta, in der Gewalt eines „wilden Mannes", welcher die Abwesenheit des Königs benutzt hatte, dessen Tochter zu rauben. Serule erschlägt den „wilden Mann" und rettet die Juliana. Als der Raub der Prinzessin bei der Rückkehr des Vaters bemerkt wird, ersticht deren Liebhaber Rogibert den Ritter Paris, von dem er glaubt, dass er an dem Raube der Prinzessin Schuld sei, vor den Augen des Königs. Rogibert soll nun, um seinen Mord zu sühnen, die Juliana befreien und den „wilden Mann" tödten. Auf dem Wege zu diesem Abenteuer trifft er in der Wildniss den Prinz Serule und als er von diesem die Befreiung bereits vollbracht sieht, lädt er ihn an den Hof des Kö-

---

24) Fürstenau I p. 97.

25) Geschichte des Prager Theaters von Oscar Teuber. Prag 1883 I p. 68—70.

26) Fürstenau I p. 231. Fürstenau irrt hier, wenn er den Titel angiebt: „Com. von der Christabella und der geduldigen Chrysilla:" Von Chrysilla kommt in der Inhaltsangabe bei Ttzschimmer nichts vor; diese ist die Heldin eines besonderen Stückes, welches den Griseldis-Stoff behandelt.

27) Fürstenau I p. 251.　　28) Fürstenau I p. 205.
29) Fürstenau I p. 227.　　30) Ttzschimmer I p. 213—215.

nigs von Kreta. Serule verliebt sich in die Juliana und ersticht vermummt seinen Nebenbuhler Rogibert. Nun bittet er um die Hand der Juliana, und sein Hofmeister begehrt Rosella die Schwester Rogiberts zur Gattin. Den beiden Frauen erscheint Rogiberts Geist und verräth Serules Mordthat, für die er um Rache fleht. Die beiden Mädchen rächen den Mord, indem sie bei der Zusage ihrer Hand Serule und Morle erstechen; sie selbst aber nehmen Gift.

6. Der lustige Pickelhäring.[31]) Diese Comödie war aus „uhralten Possen zusammengesetzt"[32]), eine Mosaikarbeit von solchen, den Dresdenern bekannten Stücken, in welchen der Pickelhäring eine Rolle spielte. Die Titel solcher Possen, in denen Hanswurst dominirte, und die von Velten schon gegeben wurden, sind folgende: Gefatter Tod und Teufel 1677[33]), vom alten Proculo 1626[34]), wie den Kindern Pappe eingeschmiert wird 1646[35]), von den zwei Pickelhäringen und ihren zwei bösen Weibern 1646[36]), Pyramus und Thisbe, die erste tolle Hochzeit, die andre tolle Hochzeit, der Narrenspittel 1663[37]); Pickelhäring ein Ziegeldecker, Pickelhäring ein Barbier, der Schiffskapitain, der in grossen Schulden steckt 1668[38]); der Nachbar Wilhelm 1671[39]); vom Braten und der Perlen 1622[40]); Unsichtbarkeit des Pickelhärings 1673[41]); Mum, des Schneiders Weib im Sack, der alte geizige Pantalon, visibilis et invisibilis, der Dachdecker, die Bauernhochzeit, Pickelhärings Anatomie, die Speckdiebe, das Fleischermädchen, der Niesende, Pickelhärings

31) Fürstenau I p. 251.
32) Ttzschimmer I p. 288.
33) Geschichte der Höfe des Hauses Sachsen von Dr. Eduard Vehse. Hamburg 1854, IV p. 67—70.
34) Fürstenau I p. 97.   35) Fürstenau I p. 107.
36) Fürstenau I p. 108.   37) Fürstenau I p. 216.
38) Fürstenau I p. 228.   39) Fürstenau I p. 231.
40) Fürstenau I p. 235.   41) Fürstenau I p. 243.

Schuldner, der Marktschreier, der gestopfte Pickelhäring 1674 [42]).

7. Comoedie von Jupiter und Amphitryone. [19]) Dieses Stück wurde bereits von Engländern 1626 am Dresdener Hof gegeben [44]) und von deutschen Schauspielern
1660 wiederholt. [45])

Als Jupiter die Alkmene liebte, verwandelte er
sich in die Gestalt ihres Gatten Amphitryo, gerade als
dieser auf Befehl des Königs Creon im Felde war. Als
seinen Begleiter nimmt er den Mercurius mit, welcher die Gestalt des Sosias des Knechts des Amphitryo
annehmen musste. Bei der Rückkehr des ächten Gatten
entsteht nun Zank und Verwirrung, und selbst Blepharo
der Schiffskapitain des Amphitryo hält Jupiter und Mercurius für die ächten Gatten der beiden Frauen. Indessen
kommen Juno und Iris vom Himmel herab, um die
Alkmene zu verderben, allein Jupiter schützt diese. Alkmene aber gebiert Zwillinge, zwei Knaben, von denen
der eine Hercules genannt wird.

Der Inhalt zeigt, dass wir es nicht mit dem Lustspiel
des Molière zu thun haben, sondern mit einer Ueber-
tragung des Plautus, welche von dem Holländer Isacus
Damme herrührt [16]) und 1617 erschien. [47]) Wahrscheinlich
lernten die englischen Comödianten diese Bearbeitung
bei ihren Wanderzügen durch Holland kennen und brachten sie nach Deutschland.

8. Tragicomoedie von Jason und Medea. [48]) Es könn-
ten hier mehrere Stücke in Betracht kommen. Pierre
Corneilles Medea wird es schwerlich gewesen sein, da
Velten 1678 noch keine französichen Dramen gab.

G. Severius van Cuilla gab 1632 ein Drama Jason
und Medea heraus [49]), und Jan Six schrieb ebenfalls
eine Medea [50]), aber wahrscheinlich spielte Velten die

42) Fürstenau I p. 244.
43) Fürstenau I p. 251.
44) Goed. II p. 530.
45) Fürstenau I p. 229.
46) Tong. Cat. p. 12 No. 4.
47) ebendas.
48) Fürstenau I p. 251.
49) Tong. Cat. p. 11 No. 33.
50) Tong. Cat. p. 5 No. 3.

Medea des Voss, mit welcher 1665 das neue Theater
zu Amsterdam eingeweiht wurde. Dieses fünfactige
Drama existirt in deutscher Uebersetzung unter dem
Titel: die rasende Medea mit Arlequin einem verzagten
Soldaten; das Manuscript dieser Uebersetzung, welches
der Elendsohn - Haacke - Hofmann'schen Truppe gehörte,
befindet sich im Besitze der Kaiserlichen Hofbibliothek
in Wien (No. 13186). W. Creizenach giebt den Inhalt
der Tragödie an: Medea von Jason verlassen klagt der
Amme ihr Leid. Sie dringt in den Königshof ein, die
zwei Wächter, welche den Eintritt verwehren wollen,
werden verwandelt; Jason und Creusa kommen im Liebes-
gespräch daher und verhöhnen die Klage der Medea,
die nun mit Proserpina Rachepläne schmiedet. Im zweiten Akt belagert Hypsipyle, die erste verlassene Ge-
liebte des Jason, mit einem Heer lesbischer Frauen Co-
rinth, wird aber mit ihrem Heer getödtet. Im dritten
Akt trifft Medea in der Hölle mit Hypsipyle zusammen.
Im vierten Akt wird die Hochzeit des Jason mit Creusa
gefeiert. Der Geist Hypsipyles ängstigt den Jason, während durch Medeas Zauberei die Krone der Hypsipyle
in Flammen aufgeht. Alles verlässt den Saal bis auf
Jason. Da erscheint Medea mit ihren Kindern im Drachen-
wagen und schleudert die Kinder aus demselben heraus.
Im fünften Akt berathen die Götter, und Zeus beschliesst,
nach kurzer Busse die Medea mit Jason zu versöhnen.[51]
Es ist dies also noch in der Art der Mysterien abgefasst,
da der Schauplatz zwischen Hölle (Unterwelt), Erde und
Himmel wechselt.

9. **Comoedia die Jungfrau.**[52] In Prag wurde 1626
aufgeführt: „Tragödie von dem Könige von Rhodiss,
sonsten genannt die Jungfrauen-Tragödie".[53] Es ist dies die
ihrer Zeit sehr berühmte: the maids tragedy by Beaumont
and Fletscher, welche von 1619 bis 1661 sieben Mal heraus-

---

51) Sitzungsbericht der Königl. Sächs. Gesellschaft der Wissensch.
philol.-hist. Klasse, 1886 Mai, p. 107—118.

52) Fürstenau I p. 251.   53) Teuber I p. 69.

gegeben wurde[54]) und nunmehr in deutscher Bearbeitung
aufgeführt wurde.

10. Comoedie von der bösen Katharina.[55]) Es ist
dies eine deutsche Tragödie, welche nach dem Bühnen-
manuscript des Shakespear'schen: the Thaming of the
strew bearbeitet ist.[56]) Der Titel lautet: Kunst über
alle Künste ein bös Weib gut zu machen. Vormahls
von einem italienischen Cavalière prakticieret, jetzt aber
von einem Teutschen Edelmanne glücklich nachgeahmt
und in einem sehr lustigen Possenvollen Freudenspiel
fürgestellet. Rapperschweyl Bey Henning Lieblern 1672.[57])

**11. Tragicomoedie von des Fortunat Wünschelhute
und Säckel.**[58]) Dieses Stück stammt aus jenem gedruck-
ten Repertoir der englischen Comödianten von 1624[59])
und 1670[60]). Es geht vielleicht auf ein Original zurück,
das den Titel führt: The pleasant comedy of old Fortu-
natus, welches von Decker 1600 in Druck gegeben wurde.[61])

12. Das Intermedium vom alten Proculo.[62]) Auch
dieses Possenspiel ist englischen Ursprungs. 1626 wurde
es in Dresden von Engländern gegeben[63]), 1644 gaben
Erfurter Springer dieses Stück in Dresden[64]) und Velten
spielte es 1678 zwei Mal.[65])

13. Tragicomoedie von Romeo und Julia.[66]) Diese
Bearbeitung Shakespeares war bereits 1626 in Dresden
durch englische Schauspieler bekannt geworden.[67])

54) A Dictionary of old English plays, by James O. Halliwell.
London 1859. p. 161.

55) Fürstenau I p. 251.

56) R. Köhler: Kunst über alle Künste etc. Berlin 1864. p. VIII—IX.

57) Köhler p. V VI.

58) Tzschimmer I p. 221. Gottsched: Nöthiger Vorrath I p. 241.

59) Englische Comödien und Tragödien etc. 1624.

60) Schaubühne englischer und französicher Comödianten. Frankfurt
1670. II No. 13.

61) Studien über das englische Theater von Moritz Rapp. Tübingen
1862. p. 41.

62) Tzschimmer I p. 222. Gottsch. N. V. I p. 241.

63) Fürstenau I p. 97.   64) Fürstenau I p. 108.

65) Fürstenau I p. 252.   66) Fürstenau I p. 252.

67) Fürstenau I p. 96.

14. Tragicomoedie von Guiscardo und Sigismunda.[68]

Dieses Drama, welches Fürstenau irrthümlich Gaspardo und Sigismunda nennt,[69] hat einen weiten Weg zurückgelegt, ehe es die von Velten zur Aufführung gebrachte Gestalt angenommen hat. Der Stoff der Tragödie ist dem Italienischen des Boccaccio entnommen.[70] Im XVI. Jahrhundert hatten 5 Engländer denselben dramatisirt und 1568 vor der Königin Elisabeth aufgeführt. Damals hiess diese Tragödie Tancred und Gismunda. Einer dieser fünf Schauspieler Robert Wilmot arbeitete das Drama um und gab es 1592 heraus; in dieser Form wurde es in der Dodsleyschen Sammlung 2, 153 abgedruckt.[71] Diesen englischen- Bearbeitungen aber lag wahrscheinlich eine Uebersetzung des Leonardus Aretinus zugrunde, der aus dem Boccaccio geschöpft hatte, und dessen libellus von Niclas van Wyle übersetzt wurde.[72] 1677 erschien nun in Deutschland eine Oper: „Das tödtliche Liebesglück oder Freudentrauerspiel von Guiscardo und Sigismunda"[73], deren Text dem englischen Original entstammt. Es ist wahrscheinlich, dass Velten diesen Text benutzt hat.

15. Intermedium vom Schuhflicker.[74]

Wir haben hier eine Bearbeitung des Holländischen vor uns. Das Original war sehr beliebt, wie die häufigen Auflagen, die es erlebte, beweisen. Der Titel des Originals lautet[75]: Klucht van de Schoester, of gelyke monniken, gelyke Kappen. Dordrecht 1600. Diese Posse wurde schon 1650 von Engländern in Dresden gegeben.[76]

68) Fürstenau I p. 254.   69) ebendas.
70) Boccaccio Decamerone IV, 1.
71) Beiträge zur Geschichte der romantischen Poesie. Von Dr. Friedr· Wilhelm Valentin Schmidt. Berlin 1858. Rapp. p. 5—6.
72) Göd. Gr. I p. 361—362; p. 363 κ.
73) Gottsched N. Vor. I p. 239.   74) Fürstenau I p. 254.
75) Het Nederlandsche Kluchtspeel Door J. van Vloten. Haarlem 1878. III p. 35/42.
76) Fürstenau I p. 127.

28

17. Posse vom Mönch und Pickelhäring, eines Bauern Sohn mit der Fidel.[77]) Fürstenau[77] führt als Titel an: „Posse von des Bauern Sohn und der Mönch", aber in einem Hofdiarium aus Torgau vom Jahre 1681 führt die Posse den obigen Namen.[78]) Die Sage, um welche es sich dabei handelt, ist sehr alt und schon früh dramatisirt worden. Albrecht Dietrichs Historia von einem Bauernknecht und München, welcher in einer Dornenhecke hat müssen tanzen (s. l. 1618—8 auf der Götting. Biblioth.) ist ein Lustspiel, das wahrscheinlich schon im XVI. Jahrhundert verfasst ist, etwa gleichzeitig mit Ayrers Fastnachtsspiel von Fritz Doella mit der gewünschten Geige (opus theatricum II 97—101).[80]) Wir haben es also jedenfalls mit einem deutschen Stück zu thun.

17. Das Waschhaus zu Amsterdam.[81]) Der Titel verräth holländischen Ursprung, doch ist mir das Original unbekannt. 1753 wurde von der Neuberin das „holländische Waschhaus" gegeben, eine Posse die sicherlich mit der vorliegenden identisch ist.[82])

18. Herr Peter Squenz.[83]) Dieses Lustspiel des Gryphius wurde von Velten öfter aufgeführt, auch war es schon 1672 in Dresden gespielt worden.

1680.

19. Comoedie von der Libussa.[84]) Dieses Drama wurde 1666 in Dresden aufgeführt.[85]) Es besteht aus zwei Theilen: Böhmische Historia von der Libussa I. bis an ihren Tod, II. der siebenjährige Weiberkrieg, welchen die Ulasta gegen Primislaum führte, bis sie erschlagen ward. Das Original mag deutschen Ursprungs gewesen sein, doch habe ich es nicht auffinden können.

---

77) Fürstenau I p. 254. 78) Fürstenau I p. 254.
79) M. S. K. Dresd. K 91 Bl. 4.
80) Kinder- und Hausmährchen, gesammelt durch die Brüder Grimm. III. Bd. 3. Aufl. Gött. p. 161.
81) Fürstenau I p. 254.
82) Caroline Neuber und ihre Zeitgenossen. Von Joh. v. Reden-Esbeck. Leipzig 1881. p. 100.   83) E. Mentzel p. 107.
84) M. S. K. Dr. K. 91 Bl. 2.   85) Fürstenau I p. 225.

20. Comoedie von Aurora und Stella.[86]) Dieses Drama ist aus dem Holländischen übersetzt. Das Original erschien 1665 unter dem Titel: Aurora an Stella of Zusterlyk Kroonzrecht.[87]) Es wurde schon 1676 in in Dresden gegeben.

21. Possenspiel vom betrogenen Sicilianer.[88]) Es ist l'amour peintre des Molière und wurde von Velten zuerst auf die deutsche Bühne gebracht.

22. Comoedie von Orlando furioso,[89]) Dieses Drama gaben die Engländer 1626[90]), 1638[91]), 1664[92]) in Dresden und Johannes Schilling 1626 in Prag.[93]) Es mag eine Bearbeitung des Orlando furioso von Hortensio Scammaccia gewesen sein.[94]) Jedenfalls aber lernte es Deutschland durch die englischen Comödianten kennen.

22. Das singende Possenspiel mit der Kist.[95]) Diese Posse ist aus dem Holländischen des Isaak Voss: De singende Klucht von Pikelharing in de Kist.[96]) Unter dem Titel: „Pickelhäring im Kasten" wurde es von Velten 1688 in Hamburg gegeben.[97]) 1649 kam das Stück zum ersten Male heraus[98]) und wurde ausserordentlich oft aufgelegt. Die letzte mir bekannte Ausgabe stammt von 1704.[99])

24. Tragicomoedia von König Ludwig und seinem Bruder Friedrich.[100]) Dieses Stück ist eine deutsche Tragödie des XVII. Jahrhunderts. Sie wurde bereits 1608 in Graz aufgeführt.[101]) Der eifersüchtige König

86) M. S. K. Dr. K. 91 Bl. 4.
87) Tong. Cat. p. 70 No. 90.   88) Fürstenau I p. 248.
89) M. S. K. Dr. K. 91 Bl. 5.
90) Fürstenau I p. 97.   91) Fürstenau I p. 102.
92) Fürstenau I p. 217.   93) Teuber I p. 68–70.
94) Histoire du theatre italien par Louis Riccoboni. Bd. I p. 106.
95) M. S. K. Dr. K. 91 Bl. 5.
96) Vloten II, 186—187.   97) Schütze p. 24.
98) Tong. Cat. p. 25 No. 139.   99) Tong. Cat. p. 83 No. 301.
100) M. S. K. Dresd. K. 91 Bl. 5.
101) Johannes Meissner: Die englischen Komödianten zur Zeit Shakespeares in Oesterreich. Wien 1884. (Beiträge zur Gesch. der d. Litter. Herausg. von Minor, Sauer und Werner. Heft IV.) p. 98—99.

Ludwig von Ungarn ermordet seinen Bruder, seine Frau
und alle Personen des Stückes bis auf die lustige Person,
welche sich das Gesicht mit Mehl bestrichen und wie
todt zu Boden gelegt hat. Johannes Meissner, der uns
mit dem Inhalt desselben bekannt gemacht hat, vermuthet
einen Zusammenhang dieses Stückes mit dem Winter-
mährchen.[102]) Von diesem Stück soll ein Druck aus dem
XVII. Jahrhundert in Frankfurt existiren.[103])

1689.

25. Der alte Geizhals.[104]) Molière: l'avare. Das Stück
wurde schon 1672 in Dresden gegeben.[105])

26. Adamira oder die Statue der Ehre.[106]) Das Stück,
welches bei Fürstenau unter den Titeln: Stadua der
Ehre[107]), Adamira[108]) und Odamira[109]) verzeichnet ist,
stammt aus dem Italienischen: l'Adamira overo la statua dell' honore. Opera scenica di G. A. Cicognini
1663.[110]) Der Inhalt ist kurz der, dass die Prinzessin
Adamira von dem Prinzen Enrico von Norwegen geliebt
wird, ihrerseits aber einer Statue, welche den Genius der
Ehre darstellt, ihre Liebe geschenkt hat. Der Genius,
durch Adamiras Liebe gerührt, steigt von seinem Posta-
ment herab und vermählt sich mit der Prinzessin auf
deren Zimmer.[111]) Dieses Drama erhielt sich lange in der
Gunst des Publikums; 1708 wurde es noch in Graz gespielt.[112])

27. Trappolino.[113]) Vehse berichtet[114]), dass schon
1666 die Comödie von dem betrogenen Trappolier gegeben

---

102) Johannes Meissner: Die englischen Comödianten zur Zeit Shakespeares in Oesterreich. Wien 1884. (Beitr. z. Gesch. der d. Litter. Herausg.
von Minor, Sauer und Werner. Heft IV.) p. 98—99.

103) ebendas. p. 99.

104) Fürstenau I p. 271.   105) Fürstenau I p. 244.

106) Fürstenau I p. 307.   107) Fürstenau I p. 271.

108) Fürstenau I p. 271.   109) Fürstenau I p. 307.

110) J. L. Klein, Geschichte des Dramas. Bd. II. Leipzig 1876. Abth.
V. p. 670—693.   111) ebendas.

112) Johannes Meissner: Jahrbuch der deutschen Shakespeare-Gesell-
schaft. Weimar 1884. p. 140 No. 81.

113) Fürstenau I p. 271.   114) Vehse Bd. IV p. 67.

sei; 1674 wurde dieses Lustspiel am Dresdner Hof wiederholt.[115]) Während Velten in Dresden 1680 dieses Stück
Trappolino[116]) nannte, betitelte er es acht Jahre später
in Hamburg: Des einfältigen Trappoline Widerwärtigkeiten im Heirathen, angestiftet durch Pickelhäring.[117])
Plautus hat in seinem Pseudolus den Stoff zu dieser
Comödie gegeben, und die Italiener haben sich desselben
bemächtigt. Giov. Batt. della Porta skizzirte den Gang
der Handlung, den er dem Geschmacke seines Publikums
angepasst hatte, in einem Scenarium; später vervollstän-
digte er diese Skizzen zu einer ausgeführten Comödie,
Trappolaria, in der Trappolino die Hauptrolle spielt.[118])
Diese Comödie muss Velten vorgelegen haben. 1688 erschien auch in Holland eine Uebersetzung dieser Posse:
„Trappolyn von Emanuel van der Hoeven."[119])

28. Die vorsichtige Tollheit.[120]) Dies ist eine holländische Comödie: Jorisz de Wyse: Voorzigtige Dol-
heit 1650.[121]

29. Sein selbst eigen Gefangener (Sicilianer).[122] Diese
Posse ist eine der beliebtesten jener Zeit. Es ist eine
Uebersetzung des „geôlier de soi-même" von Scarron.
Heinrich Hintze, ein Hamburger Licentiat und Notar,
der 1712 starb[123]), übersetzte das Lustspiel ins Deutsche
und lieferte dadurch den Text zu mehreren Opern, von
denen zwei in die hamburger Opernsammlung aufgenommen sind: Sein selbst Gefangener oder Jodolet 1680[124])
und der lächerliche Prinz Jodolet 1726.[125]) Allerdings ist

115) Fürstenau I p. 244.   116) Fürstenau I p. 271.
117) Schütze p. 24.
118) Scenari inediti della Comedia dell' Arte di Adolfo Bartoli.
Firenze 1880. p. XXXI—XXXV. La Comedia dell' arte in Italia. Studi
e profili del Dot. Michele Scherillo. Torino 1884. p. 120—134.
119) Tong. Cat. p. 71 No. 208.
120) Fürstenau I p. 271.   121) Tong. Cat. p. 26 No. 144.
122) Fürstenau I p. 271.
123) Lexicon der Hamburger Schriftsteller von Dr. Hans Schröder.
Hamburg 1857. p. 271 No. 1625.
124) Hamburger Opern No. 15.
125) ebendas. No. 217.

der Stoff einer italienischen Stegreifcomödie entnommen: „Arlechino creduto principe", welche Dominique 1668 in das Lustspiel „Il servo padrone" verarbeitete[126], allein die deutschen Bearbeitungen, von denen ich die Texte von 1680[127]) und 1726[128]) mit dem Scarron verglich, zeigen, dass es Uebersetzungen des geôlier de soi-même sind.

30. Jungfer Kapitain.[129]) 1674 wurde diese Posse von hamburger Comödianten in Dresden gespielt.[130]) Es ist das holländische Kluchtspiel: De Maid Kapitein.[131])

31. Müllers Tochter.[132]) Bereits 1661 wurde dieses Stück in Dresden gespielt unter dem Titel: Der Herzog von Ferrara mit des Müllers Tochter.[133]) Es ist: the maid of the mill. A play by Fletscher.[134]) Die Titelfabel ist Bandellos Novellen entnommen, die Haupthandlung aber einer spanischen Novelle des Gonzalo de Cospedes.[135])

32. Mascarilias. Molière: l'etourdi. 1674 wurde diese Komöde in Dresden unter dem Titel: „Der kluge Knecht Mascarilias und der einfältige Herr" gegeben[136]) und 1679 von Hamburger Comödianten als „Mascarilias" wiederholt.[137])

33. Visibilis et invisibilis.[138]) In Dresden gab man 1672 dieses Stück[139]), welches wohl identisch mit dem Stücke von 1673: „Die Unsichtbarkeit des Pickelhärings" ist.[140]) Schon 1661 muss wohl dieses Stück gegeben sein. Der hochdeutsche Comicus Jaenicke nämlich brachte in diesem Jahre in Frankfurt ein Stück zur Aufführung, bei dem eine Flugmaschine „den Pickelhäring in einem

---

126) Molière et la comédie italienne par Louis Moland. Paris 1867. p. 367.

127) Hamburger Opern No. 15. 128) ebendas. No. 217.

129) Fürstenau I p. 271. 130) Fürstenau I p. 253.

131) Tong. Cat. p. 36 No. 59. 1710 unter dem Titel „la fille capitain" aufgeführt. Meissner Shakespeare-Jahrb. p. 147.

132) Fürstenau I p. 271. 133) Fürstenau I p. 228.

134) Hallivell p. 161. 135) Fürstenau I p. 244.

136) Fürstenau I p. 244. 137) Fürstenau I p. 254.

138) Rapp p. 90—91. 129) Fürstenau I p. 244.

140) Fürstenau I p. 143.

Nu dem Publikum" unsichtbar machte[141]). Möglicherweise ist diese Posse eine Bearbeitung von der Posse aus dem Repertoir der englischen Comödianten, „darinnen der Hanswurst mit einem Stein gar lustige Possen machet"[142]), welche darin bestehen, dass der Stein den Hanswurst verschwinden lässt.

. **34. Französischer Geist.**[143]) Dieses Drama habe ich nicht auffinden können.

1686.

35. Der schlimme Roderich.[144]) Dieses Stück, welches auch der „gottlose Roderich"[145]) heisst und 1710 der „gottlose Rodrigo" genannt wird[146]), verdanken wir den Engländern. Meissner[147]) vermuthet einen Zusammenhang dieses Dramas mit dem Othello.[148])

36. Der Verdrüssliche.[149]) Molière: le misanthrope.

37. Der bestrafte Brudermord oder Prinz Hamlet von Dänemark.[150]) Diese Bearbeitung des Shakespeareschen Stückes wurde schon 1626 in Dresden gegeben.[151]) Der Text desselben ist mehrfach abgedruckt.[152])

38. Pompejus.[153]) P. Corneille: la mort de Pompée.

39. Der Kleopatra Tod.[154]) P. Corneille: Rodogune.

40. Die Weiberschule.[155]) Molière: l'école des femmes.

1688.

41. Die Liebesprobe.[156]) Comedia und Prob getrewer Lieb.[157])

42. Die ermordete Unschuld oder Graf Essex.[158]) Thom. Corneille: Comte Essex.

141) Mentzel p. 90.

142) Englische Comedien und Tragedien. 1624. No. 10.

143) Fürstenau I p. 271.   144) Mentzel p. 120.   145) ebendas.

146) Meissner, Shakespeare-Jahrb. p. 153 No. 150.

147) ebendas.   148) ebendas.

149) Mentzel p. 120.   150) ebendas.

151) Fürstenau I p. 96.

152) Gothaer Theaterkal. 1779. A. Cohn, Shakespeare in Germany. Berl. 1865. Bd. II Abth. 5.

153) Fürstenau I p. 291.   154) ebendas.   155) ebendas.

156) Fürstenau I p. 203.   157) Liebeskampf 1630. No. 2.

158) Fürstenau I p. 203.

43. Das durchlauchtigste Bettelmädchen.[159]) 1672 in Dresden gespielt.[160]) Es wurde 1608 in Graz von Engländern gespielt und zwar unter dem Titel: Das durchlauchtigste Bettelmädchen oder Unglück über Unglück.[161])

44. Der Herzog von Florenz.[162]) Dieses Stück, welches 1608 in Graz[163]) und 1626 in Dresden von Engländern gespielt wurde[164]), verdankt seine Entstehung der Gelegenheit der Vermählung des Erzherzogs von Florenz mit der Erzherzogin von Graz.[165])

45. Die dreifache Braut.[166])

46. Des Teufels Betrug.[167])

47. Alexandri Mordbanket.[168])

Keins dieser drei Dramen habe ich auffinden können.

48. Der Vierfürst Herodes.[169]) Fürstenau nennt dieses Stück „Vier Fürsten Herodes"[170]), jedoch ist obige Bezeichnung die richtige. Im Jahre 1672[171]) wurde nämlich gegeben: „Das grösste Ungeheuer oder der eifersüchtige Herodes". Dies ist unstreitig Calderons „Eifersucht das grösste Scheusal". Da nun in diesem Drama der Vierfürst (Tetrarch) die Hauptrolle spielt, so nannte Velten sein Drama nach diesem.

49. Die grosse Königin Semiramis.[172]) Dieses Drama des Calderon: „Die Tochter der Luft" lag Velten in holländischer Bearbeitung vor. Isbrand Vincent: Semiramis, 1669.[173]) Dies macht wahrscheinlich, dass Velten auch No. 48 durch holländische Uebersetzung kennen lernte.

50. Adam und Eva.[174]) Eins der bekanntesten Dramen des 16. und 17. Jahrhunderts.[175])

---

159) Fürstenau I p. 304.   160) Fürstenau I p. 244.

161) Meissner, Shakespeare-Jahrb. p. 147 No. 24.

162) Fürstenau I p. 304.

163) Meissner, die engl. Com. p. 102.

164) Fürstenau I p. 244.

165) Meissner, die engl. Com. p. 102.

166) Fürstenau I p. 304.   167) ebendas.

168) ebendas.   169) ebendas.   170) ebendas.

171) Fürstenau I p. 244.   172) Schütze p. 24.

173) Tong. Cat. p. 2 No. 33.   174) Schütze p. 24.

175) Goth. Theaterkal. 1779; p. 70–71.

51. Die Gibeoniter.[176]) Wenn Devrient sich bei Angabe dieses Titels nicht geirrt hat, so mag dies Stück eine Bearbeitung von van Vondels „Gebroeders" sein; das Stück des Gryphius, die Gibeoniter, kam erst nach dem Tode des Dichters heraus, als Velten ebenfalls todt war.

1689.

52. Don Japhet von Armenien.[177]) Nicht, wie Fürstenau[178]) schreibt, „Jaschet". Es ist Scarron: Don Japhet d'Armenie.

53. Der eiserne König.[179]) Das zu diesem Titel gehörige Drama habe ich nicht auffinden können.

54. Die Jungfer Studentin. Es ist dies eine holländische Posse von Theodorz Roodenborgh: Jalousse Studentin 1617.[180])

1690.

55. Prinz Sigismund von Pohlen.[180]) Auch dieses Calderonsche Drama nahm seinen Weg über Holland. In Hamburg wurde die holländische Bearbeitung: Prince Sigismundus von Pohlen 1654[181]) aufgeführt und fand soviel Anklang, dass Postel es übersetzte und unter dem Titel: „Der königliche Prinz Sigismund von Pohlen, oder das menschliche Leben wie ein Traum" herausgab.[183])

56. Ritter St. Georg.[184]) Dieser Stoff ist häufig dramatisirt. Welche der verschiedenen Dramatisirungen gemeint ist, lässt sich nicht feststellen.

57. Der künstliche Lügner.[185]) P. Corneille: le menteur. Es wurde dieses Drama schon 1679 in Dresden von Hamburger Comödianten gespielt.[186]) Fürstenau irrt indem er glaubt, hier ein Drama des Goldoni zu finden[187]), dieser ward 1707 geboren.

176) Devrient I p. 247.
178) ebendas.
180) Tong. Cat. p. 22 No. 118.
181) Fürstenau I p. 307.
182) Tong. Cat. p. 88 No. 349.
183) Einleitung zu No. 48 der Hamb. Opernsamml.
184) Fürstenau I p. 307.
186) Fürstenau I p. 253.

177) Fürstenau I p. 307.
178) ebendas.

185) ebendas.
187) Fürstenau I p. 307.

3*

36

58. Der verirrte Soldat.[188]) Wir haben hier ein deutsches Drama, welches den Titel führte: „Der verirrte Soldat oder des Glückes Probirstein"[189]). Die in Wien aufbewahrte Handschrift ist von Gabriel Moeller 1689, also unter Veltens Prinzipalschaft, geschrieben.

59. Der ehrliche Kuppler.[190]) Vielleicht ist hier eine Novelle des Boccaccio dramatisirt, in welcher ein frommer Priester, ohne es zu wissen, fortwährend die Rolle eines Kupplers spielt.[191])

60. Die Männerschule.[192]) Molière: l'école des maris.

61. Unmögliche Möglichkeit.[193]) Dieses Drama liegt uns in einem Singspiel vor.[194]) Es handelt sich um die Frage der Möglichkeit, ein schönes Weib zu hüten. Noch 1710 wurde dasselbe gegeben.[195]) Es scheint einen Zusammenhang mit „die närrische Wette oder der geizige Gerh." zu haben[196]), wenigstens weist der Stoff beider Dramen auf Lope de Vega's „El mayor imposible" zurück.

62. Der bürgerliche Edelmann.[197]) Molière: le bourgeois gentilhomme.

63. Das veränderliche Glück.[198]) Dieses Drama habe ich nicht auffinden können.

64. Der grosse Rechtsgelehrte Pampinianus.[199]) Grossmüthiger Rechtsgelehrter oder sterbender Papinianus von Gryphius.

65. Glückliche Eifersucht.[200]) Die glückseelige Eifersucht Don Roderichs, König von Valenza.[201]) Es wurde

---

188) Fürstenau I p. 307.
189) Neuerdings herausgegeben von P. von Radics. Agram 1865. Vgl. auch Bolte in Zachers Zeitschrift, B. XXIV, Heft I. 1886. p. 86—93.
190) Fürstenau I p. 307.
191) Boccaccio, Decamerone III, 3.
192) Fürstenau I p. 307.   193) ebendas.
194) Hamburger Opern No. 27.
195) Meissner, Shakespeare-Jahrb. p. 148 No. 47.
196) Creizenach p. 111.   197) Fürstenau I p. 307.
198) ebendas.   199) ebendas.   200) ebendas.
201) Wien. Hds. 13 229. Das Exemplar stammt aus dem Besitz der Maria Margar. Elendsohnin.

schon 1671 [202]) und 1679 [203]) in Dresden gespielt. Es scheint eine Bearbeitung von Molières Don Sancia zu sein.

66. Der Herzog von Belvedere. [204]) Dieses Drama ist mir unbekannt.

67. Genoveva. [205]) Unter der grossen Zahl deutscher Dramen, welche diesen Titel tragen, kann man bei der Unbestimmtheit des Titels auf kein bestimmtes hinweisen.

68. Comoedie von Altamiro oder verlorener Artaxerxes. [206]) 1710 lautet der Titel: Der von seinem Vatter unerkannte Prinz Artaxerxes oder der grossmüthige Altamiro und dessen untreue Stiefmutter. [207])

69. Aspasia. [208]) Desmarets: Aspasia 1636.

70. Wallenstein. [209]) A. v. Haugwitz: Wallenstein. [210])

71. Die wohlnärrische Wette, oder der geizige Gerhard. [211]) Dieses Drama ist eine Uebersetzung des holländischen: Malle wedding of gierige Geraardt. [212])

72. Capitain Colwey. [213]) Das zu diesem Titel gehörige Drama habe ich nicht auffinden können.

73. Die gezwungene Heirath. [214]) Molière: le mariage forcé.

74. Koch und Schreiber. [215]) Dieses Stück wurde 1679 in Dresden von Hamburger Comödianten gespielt; es ist wahrscheinlich holländischen Ursprungs.

75. Der Doctor aus Noth. [216]) Molière: le médecin malgré-lui.

76. Don Juan oder Don Pedros Todtengastmahl. [217]) Molière: le festin de Pierre.

77. Alexanders Liebessieg. [218]) Dies ist vielleicht eine

202) Fürstenau I p. 233.   203) Fürstenau I p. 253.
204) Fürstenau I p. 307.   205) ebendas.
206) ebendas.
207) Meissner, Shakespeare-Jahrb. p. 152.
208) Fürstenau I p. 307.   209) ebendas.
210) Prodomus poeticus. Dresd. 1684. 8. Fürstenau I p. 115.
211) Fürstenau I p. 307.
212) Wien. Hds. No. 13 174; vergl. Creizenach p. 111.
213) Fürstenau I p. 308.   214) ebendas.
215) ebendas.   216) ebendas.
217) ebendas.   218) ebendas.

Comödie des B. van Velsen[219]: Havelyk von den grooten
Alexander, welches eine Bearbeitung des: [gli amori
d'Alessandro Magno di Rosanne von Andrea Cigno-
gnini[220]) ist.   •

78. Ulysses und Penelope.[221]) Dieses Drama ist der
Text einer Oper, welche den Titel führt: Die unveränderlich treue Ehegattin Penelope.[222])

79. Der Blasebalg.[223]) Zu diesem Titel habe ich kein
Drama finden können.

80. Ich kenne dich nicht.[224]) Diese Posse ist aus
dem Holländischen: Ik ken je nich. Kluchtspel 1664.[225])
Als 1716 dieses Stück neu aufgelegt wurde, nannte sich
als Verfasser Jan Bara.[226])

81. Die Perlen.[227]) M. Girardin: le collier des perles.
1672.[228])

82. Varietas delectat.[229]) Dies mag wieder eine Art
von „der lustige Pickelhäring" gewesen sein.

83. Die drei bravherzigen Schwestern.[230]) Möglicherweise muss der Titel „die drei barmherzigen Schwestern"
heissen; ein so betiteltes Drama führte 1735 die Neuberin
auf.[231])

84. Die alte Kupplerin.[232])

85. Cacerlacu.[233])

86. Der verzauberte Kickel.[234])

Diese drei Dramen habe ich nicht auffinden können.

87. Graf Schornsteinfeger.[235]) Diese schon 1671[236])
von einem Engländer in Dresden aufgeführte Posse ist: De
gelukkige schoorsteenveger uit de Klucht van de Italienische schoorsteenveger von M. Plokkers. Amsterdam 1652.[237])

219) Tong. Cat. p. 53 No. 97.
220) Klein Bd. II Abth. V p. 667.

221) Fürstenau I p. 308.   222) Gottsch. N. V. I p. 253.
223) Fürstenau I p. 308.   224) ebendas.
225) Tong. Cat. p. 5 No. 1.   226) Tong. Cat. p. 33 No. 17.
227) Fürstenau I p. 308.   228) Moland p. 370 No. 9.
229) Fürstenau I p. 308.   230) ebendas.
231) Reden-Esbeck p. 110.   232) Fürstenau I p. 308.
233) ebendas.   234) ebendas.   235) ebendas.
236) ebendas.   237) Vloten III p. 26 No. 4.

Von den 87 Dramen, deren Titel uns aus Veltens
Repertoir überliefert sind, gehören, wie wir sahen, 15 dem
englischen, 12 dem deutschen, 18 dem holländischen, 18
dem französischen, 2 dem italienischen, 1 dem spanischen
Theater an; bei 20 Titeln musste die Frage nach dem
zugehörigen Drama unentschieden oder ganz unbeant-
wortet bleiben; ein Drama (No. 6) liess sich, weil es aus
den Possen verschiedener Länder zusammengesetzt war,
keiner einzelnen Rubrik zuweisen. Rechnet man die
Wiederholungen mit, so stellt sich das Verhältniss so,
dass Velten unter 102 Stücken 16 englische, 15 deutsche,
18 holländische, 24 französische, 6 italienische, 1 spanisches,
21 unbestimmbare und 1 verschiedenen Nationalitäten
entnommenes gab.

Wir sehen nun, wie es mit der Nachricht beschaffen
ist, dass Velten die Haupt- und Staatsaktionen auf
dem deutschen Theater eingeführt habe.

Diese Behauptung stammt von Löwen [238]), der hinzu-
fügt, 'dass' diese Dramen-Gattung schlechte Übersetzungen
oder Nachahmungen des spanischen Theaters gewesen
seien. Die Quelle, aus der Löwen diese Nachricht zu-
floss, waren Theatertraditionen, welche ihm sein Schwieger-
vater Schönemann übermittelte. So unzuverlässig diese
Angaben aber auch sein mussten, so blieben sie doch
unangefochten und wurden weiterverbreitet, bis Schlager [239]), Lindner [240]) und Prutz [241]) nachzuweisen suchten,
dass ein solcher Zusammenhang zwischen dem spanischen
Theater und den deutschen Haupt- und Staatsaktionen
gar nicht bestände, sondern dass letztere „das populari-
sirte politisch-gelehrte Drama des XVII. Jahrhunderts"
seien.

238) G. F. Löwen: Geschichte des deutschen Theaters, Schriften
Bd. IV. Hamburg 1765.

239) J. E. Schlager: Wiener Skizzen aus dem Mittelalter. Neue Folge.
Wien 1839. p. 329 335, 364—370.

240) H. Lindner: Karl XII. vor Friedrichshall. Dessau 1845. p. V
bis LXXII.

241) R. E. Prutz: Vorlesungen über das deutsche Theater. Berlin
1847. p. 193—218.

Dass Velten diese Dramengattung auf dem deutschen
Theater eingeführt habe, ist ebenfalls unrichtig; denn in
seinem Repertoir finden wir kein Drama, welches dieser
Kategorie beizuzählen wäre, wie es denn überhaupt wohl
kaum möglich sein wird, die Einführung der „Haupt- und
Staatsaktionen" auf einen einzelnen Mann zurückzuführen.

Ebenso wie die Einführung der Haupt- und Staatsaktionen wird Velten die Verbreitung der italienischen
commedia dell' arte zugewiesen. Diese Behauptung
ist ebenso unrichtig wie die Löwen'sche. Schmidt[242]
brachte sie zuerst auf, und bisher wurde sie nicht bean-
standet, geschweige denn widerlegt. Aber wie wir sahen,
liess sich nur bei zwei Dramen der italienische Ursprung
nachweisen. Beide existirten in vollständig ausgeführten
Bearbeitungen und waren schon vor Veltens Wirksamkeit gegeben worden.

Also in dieser Richtung bewegten sich Veltens
Neuerungen nicht. Um diese recht zu verstehen, müssen
wir erst die Einflüsse kennen lernen, die auf Velten
wirkten. Es wird sich dann zugleich entscheiden lassen,
von welchen er sich frei zu machen suchte und welchen
er nachgab.

Die dramatischen Aufführungen lagen im XIV. Jahrhundert lediglich in den Händen der Kirche; der Stoff
war der Bibel entnommen und die Schauspieler bestanden
aus Dienern der Kirche. Im folgenden Jahrhundert theil-
ten sich Kirche und Schule in die dramatischen Aufführungen, indem jene biblische Stoffe zur Aufführung
brachte, diese neben dem religiösen Drama auch das des
klassischen Alterthums im Original, in Uebersetzungen
oder Bearbeitungen pflegte. Im Verlaufe des Zeitalters
der Reformation aber fing auch das mindergebildete Volk
an, sich der dramatischen Litteratur zu bemächtigen, indem die Meistersinger Dramen schrieben, deren Stoffe
der Bibel, der Legende oder der Sage entnommen waren.

242) Chronologie des deutschen Theaters, 1775. p. 34.

Zu Ende des XVI. Jahrhunderts aber folgten Blüthe und Verfall der Meistersinger rasch aufeinander, und die dramatische Litteratur drohte ganz in die Hände der Gelehrten zu fallen, als die Einwanderung der englischen Komödianten einen gewerbsmässigen Schauspielerstand in Deutschland schuf. Die Dramen, welche sie aus ihrer Heimath und aus Holland mitbrachten, ihre Spielweise und ihr scenischer Apparat fanden rasch Anklang und Nachahmung. Ihr Repertoir bestand aus englischen und niederdeutschen Originaldramen, dramatisirten Novellenstoffen und Burlesken. Der dreissigjährige Krieg bereicherte Deutschland mit spanischen und italienischen Litteraturproducten, und die deutschen Schauspielerbanden spielten um die Zeit, in welche Veltens schauspielerische Entwickelung fällt, Stücke, welche der Bibel, der Legende, den Novellen aller Länder und dem Repertoir der englischen Komödianten entnommen waren; die zeitgenössische deutsche Gelehrten-Litteratur fand auf der Bühne keinen Eingang.

Während sich Velten nun im Anfang seiner Laufbahn noch ganz in den Bahnen seiner Vorgänger bewegte, schlug er später eine selbsständige Richtung ein, der er im Jahre 1690, dem letzten, aus welchem wir Nachrichten von seinem Repertoir besitzen, den vollsten Ausdruck gab.

Von den Dramen der englischen Komödianten, welche die Vertreter der damals herrschenden Richtung bilden, befinden sich unter den 12 Stücken, die Velten 1678 gab, 7; im folgenden Jahre unter 5, im Jahre 1680 unter 6, im Jahre 1684 unter 10 Stücken je eines; 1686 sind unter 6 aufgeführten Dramen 2, 1688 unter 14 Stücken 3 dem Repertoir der englischen Komödianten entnommen. Im Jahre 1690 gab Velten 33 Dramen, unter denen sich keins findet, das der englischen Schule angehörte.

Von italienischen Stücken gab Velten zwei, die auf das Jahr 1684 fallen und beide bereits vor Veltens Wirksamkeit gegeben waren.

Das spanische Theater ist einmal vertreten und zwar 1688; jedoch war dieses Drama schon früher aufgeführt und es ist wahrscheinlich in Deutschland durch holländische Übersetzung bekannt geworden.

Von deutschen Stücken gab Velten 1678 eins, welches schon zu Anfang des Jahrhunderts gegeben war, 1679 brachte er zwei deutsche Dramen zur Aufführung, von denen der Peter Squenz (No. 18) vielleicht noch zu den Stücken der englischen Komödianten gerechnet werden muss, das andere (No. 16) eine alte, schon ein ganzes Jahrhundert früher dramatisirte Sage ist. 1680 gab Velten ein deutsches Drama (No. 24), das 1608 schon in Graz aufgeführt war. 1684 und 1686 gab er kein deutsches Drama, 1688 brachte er ein Drama zur Aufführung, das eins der ältesten deutschen Stücke ist; es behandelt einen biblischen Stoff und reicht fast in die Anfänge der Entwickelung des deutschen Dramas zurück. Im Jahre 1690 finden wir 7 deutsche Stücke, von denen 2 (No. 61 und 65) schon früher gegeben waren, und die 5 audern (No. 58, 64, 67, 70, 78) theils im Manuscript ausgeführt, theils gedruckt vorgelegen haben müssen.

Wir sehen also Velten in Bezug auf das englische, das italienische und das spanische Drama ganz, in Bezug auf das deutsche Drama bis zum Jahre 1690 die Wege seiner Vorgänger wandeln. Im Jahre 1690 zeigt er dadurch eine durchgreifende Neuerung, dass er sich mehrfach an das Buchdrama, zum Beispiel an Gryphius heranwagt und dadurch zum ersten Male die Kluft überschreitet, welche bisher das Buchdrama von dem gespielten derartig trennte, dass beide Gattungen nicht demselben Boden entsprossen zu sein schienen. Dass diese Trennung eine bewusste, gewollte war, zeigt zum Beispiel Joh. Christ. Hallmann, indem er in der Vorrede zu seinen Trauer-, Freuden- und Schäferspielen die Schauspiele „so von Ehrliebenden und Gelehrten" geschrieben werden, denen, die von „plebejischen und herumschweifenden Personen an den Tag gegeben werden", als zwei feindliche Gattungen gegenüberstellt.[243]

243) Gervinus: Geschichte der deutschen Dichtung. 5. Auflage. Bd. III. p. 571.

In Holland existirte diese Zweitheilung nicht, das gedruckte Drama fand auch aufgeführt Beifall. Die englischen Komödianten brachten es nach Deutschland. Auch Velten nahm dasselbe in sein Repertoir auf. 1678 gab er drei holländische Dramen, von denen 2 (No. 2 und 7) bereits durch frühere Aufführungen bekannt waren, eins (No. 8) führte er zum ersten Male auf. Im folgenden Jahre führte er zwei holländische Stücke auf, von denen eins (No. 15) schon früher gegeben war. 1680 und 1684 brachten je zwei holländische Dramen, welche schon vor ihm gegeben waren. 1686 führte er kein holländisches Stück auf, 1688 brachte er eins zur Aufführung (No. 49), von dem frühere Aufführungen nicht bekannt sind, ebenso im Jahre 1689. 1690 haben wir 6 holländische Dramen, von welchen 3 (No. 54, 55 und 87) bereits aufgeführt waren, während die drei anderen (No. 71, 77 und 80) bis dahin noch nicht erwähnt werden. Sieben dieser Stücke (No. 15, 17, 23, 28, 30, 80, 87) gehören der Gattung der Kluchten an, und es ist nicht unmöglich, dass sie extemporirt wurden; da aber drei derselben schon vor Veltens Auftreten gespielt waren, so könnte dieses Extemporiren nicht als eine Neuerung Veltens angesehen werden. Es ist aber auch durchaus nicht unwahrscheinlich, dass diese Stücke in ausgeführtem Manuscript vorhanden waren.

Haben wir bisher Velten zu dem Alten hier und da etwas Neues hinzufügen sehen, was immerhin ein Fortschritt genannt werden musste, so war doch bisher von einer durchgreifenden Neuerung nicht viel zu spüren.

Eine reformatorische That aber war es, dass Velten sein Repertoir durch die Stücke des französischen Klassicismus bereicherte.

Die Jahre 1678 und 1676 weisen noch keine französischen Stücke auf. Erst 1680 findet sich ein solches, und zwar war es Molière, den er auf die deutsche Bühne brachte (No. 21). Das Stück war bis dahin noch nicht gegeben. 1684 folgten 3 französische Stücke (No. 25, 29, 32), von denen zwei dem Molière angehören und schon

gegeben waren, eins aber den Scarron zum Verfasser hat
(No. 29), in Deutschland noch nicht aufgeführt war und
von Velten, wie fast alle französischen Dramen, mehrfach
gespielt wurde. Das Jahr 1686 brachte von den 6 aufgeführten Stücken 4 französische (No. 36, 38, 39, 40), die
noch nicht von Velten gespielt waren; 1688 brachte ein
ebenfalls neues Drama (No. 42), ebenso 1689 (No. 52) und
1690 spielte Velten 8 französische Stücke (No. 57, 60, 62,
69, 73, 75, 76, 81), von denen zwei (No. 75 und 81) schon
früher aufgeführt waren.

Von französischen Dramen spielte Velten:

Molière: l'amour peintre einmal;
l'avare zweimal (war schon früher gegeben);
l'etourdi zweimal (war schon früher gegeben);
le misanthrope zweimal;
l'école des femmes einmal;
l'école des maris einmal;
le bourgeois gentilhomme einmal;
le mariage forcé einmal;
le médecin malgré-lui zweimal;
le festin de Pierre einmal.
Scarron: le geôlier de soi-même zweimal;
Don Japhet d'Armenie einmal.
P. Corneille: le menteur einmal (schon früher gegeben);
la mort du Pompée einmal;
Rodogune einmal.
T. Corneille: le comte Essex einmal.
Desmarets: Aspasia einmal.
Girardin: le collier des perles einmal (schon vorher aufgeführt).

Von diesen 18 Stücken brachte Velten 12 zum ersten
Male zur Aufführung.

Er hat hierdurch einen Beweis seines Scharfblicks
geliefert; denn er hatte erkannt, dass zu jener Zeit in
Frankreich die dramatische Poesie auf einer Höhe stand,
welche die andern Länder weit überragte. Wie bestimmt
er dies erkannte, geht daraus hervor, dass er von dem
englischen Theater keins, vom italienischen ebenfalls keins,

vom spanischen eins, vom deutschen 5, vom holländischen 6, vom französischen aber 12 Stücke, welche bisher noch nicht gegeben waren, seinem Repertoir neu hinzufügte.

Dies ist die positive Seite seiner Reformation; ein ebenso helles Licht auf seine Bedeutung wirft die negative Seite derselben.

Die alte Schule nämlich hatte vorherrschend zwei Stoffgattungen, welche sie pflegte: das religiöse Drama und den dramatisirten Roman. Velten gab unter 87 Stücken, welche er spielte, von der ersten Gattung nur 3 Dramen (No. 1, 2 und 50), von denen die beiden ersten in die Jahre 1668 und 1678 fallen, während das dritte (No. 50) 1688 gegeben wurde. Beachten wir aber die Umstände, unter denen Velten die „Adam und Eva" spielte, so sehen wir, dass er es nur gezwungen that. Um in dem frommen Hamburg Spielerlaubniss zu erhalten, musste er versprechen, auch ein religiöses Drama zu spielen; dies war also für Velten sozusagen der Kaufpreis seiner Concession. Somit können wir diese Aufführung nicht als Ausdruck von Veltens Intention ansehen und dürfen annehmen, dass er seit dem Jahre 1668 mit derartigen Stücken das Publikum nicht mehr unterhalten wollte.

Der dramatisirte Roman findet sich in Veltens Repertoir im Jahre 1678 viermal (No. 3, 4, 5, 10) und 1679 einmal (No. 14); vom Jahre 1680 an verschwindet er ganz aus demselben. So sagte sich Velten also von der Richtung der alten Schule 1680 los, um selbständig neue Bahnen zu betreten. Man sieht, er erkannte den wahren Charakter des Dramas als selbständiger Litteraturgattung. Er erkannte, dass es im Drama nicht genüge, schon vorhandene Litteraturwerke (Bibel, Legende oder Epos) in dramatischer Form wiederzugeben. Diese Art des Dramas, welche bisher geherrscht hatte, schob er bei Seite und griff statt dessen zum Drama der neuen Schule, der Franzosen.

Schon früher war bekannt, dass Velten den Molière gespielt hat, und dies mag der Anlass zu der Nachricht

gewesen sein, dass Velten der Verfasser einer Molière
Übersetzung, „Histrio gallicus etc.", gewesen sei, welche
1695 (nicht 1694, wie Gottsched schreibt) in Nürnberg
herauskam. Schon Genée[244]) nahm an dieser Nachricht,
welche wiederum von Löwen stammt, Anstoss, und
Zarncke[245]) wiess nach, dass diese Übersetzung nur eine
Überarbeitung der Ausgabe von 1694 ist. Da Velten aber
1692 starb, kann er nicht die Überarbeitung einer 1694
erschienenen Ausgabe besorgt haben. Es handelt sich
also nur um die Autorschaft der Ausgabe von 1694,
Derer Comoedien des Herren von Molière königlichen
Französischen Comoediantens, ohne Hoffnung seinesglei-
chen Erster Theil. So hohen und niedern Standes Personen zu erbaulicher Gemüths-Belustigung; der Jugend
aber, welche der Frantzösischen Sprach begierig seyn
mag zu desto geschwinder und leichter Begreiffung derselben ins Teutsche übersetzet durch J. E. P. Mit schönen Kupfern gezieret und das erste mal also gedruckt.
Nürnberg. Zu finden bey Johann Daniel Taubern Buch-
händlern 1694.

Velten, ein Schauspieldirektor, würde sicherlich keine
Übersetzung für Lehr- und Lesezwecke hergestellt und
seinen Namen nicht hinter dem Pseudonym J. E. P. ver-
steckt haben.

Ferner stimmt auch der Inhalt der Übersetzung nicht
mit den von Velten aufgeführten Stücken überein.

Der Inhalt der Übersetzung ist folgender:

I. Das Leben des Herren von Molière. Das steinerne
Gastmahl, der widerwillige Arzt, der Sicilianer oder mah-
lende Liebe, die Gräffin von Karfunkelstein, der Herr
von Birkenau oder Junker von Schweinickel, die lächer-
lichen Kostbaren oder die lächerliche Beredtsamkeit.

II. Der bürgerliche Edelmann, der Kranke in der
Einbildung, Amor der Arzt, die gezwungene Ehe.

---

244) Genée: Lehr- und Wanderjahre des deutschen Schauspiels.
Berlin 1882. p. 320,21.
245) Zarncke: Christian Reuter.

III. George Dandin oder der verwirrte Ehemann, der
Geizige, des Scapius lustige Betrügereyen, die Seele des
Molière.

Nur 6 dieser Stücke hat Velten gespielt, während er
4 andere gab, welche hierin nicht enthalten sind.

All diese Argumente zusammengenommen beweisen
wohl, dass Velten den Übersetzungen von 1694 und 95
fern stand.

Durch die Umgestaltung seines Repertoirs hatte Velten bewiesen, dass er einem mehr realistischen Prinzipe
huldigte. Er hatte jene Dramen beiseite gelassen, in
welchen eine Anzahl Abenteuer aufeinander gehäuft und
ohne inneren Zusammenhang, nur lose mit einander ver-
knüpft wurden, und dagegen zu dem klassischen französischen Drama gegriffen, in dem die Handlungen motivirt
und dem natürlichen Gange der Dinge nachgebildet sind.
Diesem Realismus, welchen er in der Wahl seiner Stücke
sehen liess, wollte Velten auch in der Darstellung gerecht
werden, indem er ihr ein naturgemässeres Gepräge zu
geben suchte. Den bedeutendsten Schritt hierzu that er
dadurch, dass er alle Frauen- und Mädchenrollen
durchweg mit Schauspielerinnen besetzte.

Freilich war das Auftreten von Frauen auf der Bühne
nichts ganz Neues. In Italien war es bereits Sitte, dass
Sängerinnen in den kirchlichen und weltlichen Konzerten
mitwirkten[246]), und die „comici gelosi", welche auch
in Frankreich längere Zeit gewirkt hatten, besassen in
der Gattin ihres Principals Andreini, in der durch ihre
Schönheit berühmten Isabella, seit 1578 eine Schauspielerin, welche viel zum Ruhme dieser Truppe bei-
trug.[247]) Fast hundert Jahre später hatten auch in Deusch-
land in vereinzelten Fällen Frauen die Bretter betreten.
1654 richtete Jollifous eine Bitte um Spielerlaubniss an
die Stadt Basel und hob dabei hervor, dass auch „rechte

246) Fürstenau I p. 272.

247) Geschichte der französischen Litteratur von Ferdinand Lotheisen.
Wien 1877. I p. 273.

Weibsbilder" mitwirkten.[248] Ein Jahr später betrat eine
gewisse Isabella Barbarolla die Bretter als Schauspielerin in Wien, wo schon seit 1617 zehn Sängerinnen
angestellt waren.[249] Aber Jollifous gab nur italienische
Singspiele[250], wobei die italienische Sitte massgebend
war, und Isabella Barbarolla war nur „zur Aushilfe"
angestellt, betrat also nur selten die Bühne.[251]

Velten dagegen besass schon 1686 drei Schauspielerinnen: seine Gattin Catharina Elisabeth, deren
Schwester und Sara von Boxberg[252]; 1690 hatte
er noch mehr weibliche Mitglieder unter seiner Truppe,
ausser den Vorgenannten noch seine Tochter und die
Frauen von Richter und Möller[253]; einige Zeit war
auch die Gattin Elendsohns bei der Truppe.[254] Die
ständige Mitwirkung der Frauen auf der Bühne scheint
sofort grossen Beifall gefunden zu haben, und Velten
wusste durch Couplet-artige Bemerkungen von der Bühne
herab immer wieder auf diese Neuerungen aufmerksam
zu machen. So heisst es bei einer Hamlet-Aufführung
in dem Gespräch des Prinzen mit dem ersten Schauspieler, der hier Karl genannt wird[255]:

Hamlet: Habt ihr noch alle drey Weibspersonen bey
euch, sie agierten sehr wohl?

Karl: Nein, nur zwey. Die eine ist mit ihrem Manne
am sächsischen Hof geblieben.

Hand in Hand mit der Umgestaltung der Kunst
ging bei Velten eine Umgestaltung ihrer Stätte. Bisher
hatte man nur die Bühne der englischen Komödianten
gekannt. Es war dies ein Quadrat, in welchem ein Po-

248) Mentzel p. 71.
249) Sitzungsbericht der philosophisch-historischen Klasse der Kaiserl.
Akad. der Wissensch. Wien 1851. Bd. VI. p. 147.
250) Mentzel p. 71.
251) Sitzungsber. d. phil.-hist. Klasse. 1851. Bd. VI. p. 147.
252) Mentzel p. 71.
253) Fürstenau I p. 311. Fürstenau I p. 272.
254) ebendas.
255) Proelss: Geschichte des Hoftheaters zu Dresden, von seinen
Anfängen bis zum Jahre 1862. Dresden 1878. p. 56 und 57.

dium gebaut war, an dessen hinterem Theile sich eine
Nische zeigte, welche ein Balkon überdachte. Vor sich
und zu beiden Seiten liess dieses Podium Raum für die
Zuschauer, hinter sich einen Ankleideraum, denn dieses
Podium stand von allen Seiten frei.[256] Velten erweiterte
nun diese Nische bis zur Grösse einer zweiten Bühne,
welche von der Vorderbühne durch einen Vorhang getrennt war, welcher, jenachdem das Stück es erheischte,
vorgezogen oder entfernt werden konnte. Die Bühne
war nach beiden Seiten derart verbreitert, dass sie in
jeder Seite das Quadrat berührte und nur vor sich einen
Zuschauerraum frei liess, von welchem sie ein zweiter
Vorhang abschloss. Beide Seiten der Vorderbühne waren
mit Tapetenwänden versehen.[257]

Ein solches Theater zu erbauen kostete zum Beispiel
1679 in Frankfurt ausser dem hohen Preis für die „Tapezerien" 40 Reichsthaler[258], eine Summe, die für damalige Zeit bedeutend ist. Dass ein ansehnlicher Preis für
die „Tapezerien" zu bezahlen war, zeigt, dass auch die
äussere Ausstattung einen gewissen Aufschwung genommen hatte.

Veltens reformirte Bühne hatte auch rasch den ver-
dienten Beifall gefunden. Keiner Bitte um Spielerlaubniss wurde so willfährig Raum gegeben, als wenn Velten
der Bittsteller war; und das Publikum, besonders das
gebildete, besuchte Veltens Vorstellungen mit Vorliebe.
In Frankfurt war er ein besonders gern gesehener Gast,
wie die Verlängerungen seiner Spielconcession auf Bitten
des gebildeten Publikums zeigen. Aber in Dresden hat
er die reichsten Lorbeeren geerntet, und das Wohlge-
fallen an seiner Spielart wuchs mit den Verbesserungen,
welche Velten dem Theaterwesen angedeihen liess. Der
Kurfürst soll sogar häufig den Proben beigewohnt haben,
und während bei den Zusammenkünften des Hauses
Sachsen in Torgau Velten 1678 nur 8, 1680 6 Stücke

256) Brachvogel I p. 15. 257) Mentzel p. 109.
258) Mentzel p. 109.

4

gespielt hatte, und die übrigen Abende mit Opernvor-
stellungen ausgefüllt waren, musste er im Jahre 1690
44 Mal vor dem Hofe spielen.

Ueberblicken wir nun die Thätigkeit Veltens, so zeigt
sich uns dieselbe als eine echt reformatorische, das heisst
eine reinigende und weiterbildende. Etwas durchaus
Neues hat er nirgends geschaffen, sondern er hat mit
dem Scharfblick eines bedeutenden Mannes die Wege
herausgefunden, welche zum Ziele führen konnten; er ver-
stand es, den Weizen von der Spreu zu sondern; die
Keime, welche lebensfähig waren, suchte er zu befruch-
ten; was er als veraltet erkannte, schob er beiseite; was
ihm eine Zukunft zu haben schien, förderte er. Er war
seiner Zeit um ein halbes Jahrhundert voraus geeilt; denn
Gottscheds Reform des Theaters bewegte sich im Grossen
und Ganzen in den Bahnen, in welchen sich Veltens
Neuerungen bewegt hatten, und die Grundzüge seiner
Bestrebungen sind die Grundzüge des modernen deutschen
Theaters geblieben.

3. Mathias V., Kgl. Schwed. Obereinnehmer im Erzstift Magdeburg, nachher Rathsworthalter, Chramermeister und Pfänner zu Halle, geb. 7. April 1592,
gest. 1665.
Ux.: I. Dorothea, Peter Wilderhans Wittwe, vermählt 1618, gest. 1631.
II. Elisabeth, Heinrich Meykus Chämmerer des Stifts Magdeburg T., verm.
7. Febr. 1632, gest. 4. Juli 1651.
III. Anna Maria, Joh. Schmidts Pfarrers zu Segrena b. Wittenberg T., verm.
25. October 1653, gest. 1681 an der Pest.

5. Melchior V., geb. 26./3. 1619.
Ux.: Clara Sophie, D. Andr. Merks
Super. zu Halle T., v. 1644.

6. Maria Magdalena V., geb. 1621,
† 5./5. 1621.

7. Dorothea V., geb. 1623, † 1624.

8. Anna Catharina V., geb. 1624.

9. Valentin Andreas V., Pfarrer zu
Strenz-Naundorf, geb. 25./9. 1628.
Ux.: Maria Magdalena, Zach. Beckers
Amtsschössers zu Werdershausen
T, v. 26./10. 1652.

10. Dorothea Elisabeth V., geb. 1633.

11. Martha Elisabeth V., geb. 1654.

12. Joh. Mathias V., Kgl. Preuss. Quart.
Oberbornmeister, Rathmann und Pfänner
zu Halle, geb. 21./8. 1656 gest. 9./5. 1757.
Ux.: Dorothea Eleonora, D. Joh. Fr.
Wegers Kgl. Pr. Regierungsraths
und Salzgräfen zu Halle T., geb.
1683, v. 1707, gest. 31./3. 1748.

13. Joh. Gottfried V., geb. u. gest. 1658.

14. August V., geb. 2./11. 1659, gest. 1717
vor Belgrad.

15. Eleonore Juliane V., geb. 31./5. 1661,
verm. 22./6. 1685 mit Georg Henning,
J. V. C. u. Pract. zu Halle.

16. Anna Regina V., geb. 1664, † 1673.

30. Dorothea Eleonora V., geb. 21./3.
1708, verm. 24./5. 1740 an Christ.
Paul Böhme, Med. Dr. und Prof.
zu Halle.

31. Charlotte Eleonore V., geb. 8./12.
1712.

32. Joh. Friedr. V., geb. u. gest. 1717.

33. Johann Conrad V., J. V. C. Pfänner und Administrator der Quartkasse,
geb. 6./11. 1719.

ger zu Bremervörde.
Strassburgers Bürgermeisters zu Bremervörde Tochter.

4. **Valentin V.**, lernte die Handlung bei seinem Bruder Mathias, war Rathsworthalter, Chramermeister und Pfänner zu Halle, geb. 3. December 1607, gest. 19. Mai 1664.
    Ux.: I. Catharina, Christophs Drechselers Fürstl. Magdeb. Hofbäckers T., verm. 23. August 1630, gest. 1643.
      II. Anna, Herrmann Ganzlands Chramers zu Halle T., verm. 30. Mai 1643, gest. 8. Januar 1659.
      III. Anna Elisabeth, Gottfried Knochens Oberbornmeisters zu Halle T., geb. 1639, verm. 12. November 1660, gest. 1701.

17. **Martha V.**, geb. 23./9. 1637, v. 10./11. 1657 an Barchius Hardt, Pastor zu Loburg, gest. 7./3. 1681.

18. **Catharina V.**, geb. Jan. 1640, v. 3./7. 1666 mit Joh. Carl Lichtmann, Chramer zu Halle.

19. **Johannes Velten**, geb. 27./12. 1640, gest. 1692.
    Ux.: Catharina Elisabeth, gest. 1712.
{34. Eine Tochter, geb. 1673.

20. **Valentin V.**, Prof. in Jena, geb. 13./3. 1645, gest. 24./4. 1700.

21. **Anna V.**, geb. 1646, gest. 1647.

22. **Christian V.**, geb. 1648, gest. 1653.

23. **Gottfried V.**, Handelsmann in Dresden, geb. 17./2, 1650.
    Ux.: Anna, Mich. Greissens Handelsmanns zu Freiberg T., geb. 1658, verm. 1676, gest. 7./5. 1679.
{35. **Maria Sophia V.**, verm. an Andreas Janisch, Handelsmann zu Dresden.
36. **Anna Catharina V.**, geb. u. gest. 1678.
37. **Gottlob V.**, geb. 26./4. 1679.

24. **Conrad V.**, geb. 1652.

25. **Elisabeth V.**, geb. 16./10. 1654, verm. 12./1. 1681 an Gerh. Trandörfer, Pastor zu Kahla.

26. **Anna V.**, geb. 14./1. 1657, verm. 14./10. 1684 mit Joh. Christ. Grundmann.

27. **August V.**, geb. 25./4. 1659.

28. **Maria V.**, geb. 22./9. 1661.

29. **Carl V.**, geb. 30./10. 1663.

(Vgl. Dreyhaupts Beschreibung des Saal-Creyses. Th. III. p. 182.)

Das Wappen der Familie Velten.

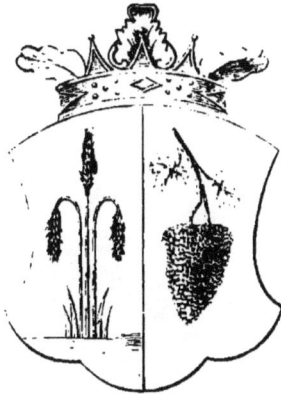

Lobgedicht auf Velten bei Gelegenheit seiner Promotion.

Johannes Velthem Halensis.

1 Cum grano salis accipies, quaecunque modestus
Limitat Auditor; mihi toto fonte Salinae
Fonteque bis gemino salis, accipientur, et illos
In Patria, Veltheme, tua Natura reclusit.
5 Est genus hic hominum, vultu crudele, sed usu
Nobile multiplici, quod tanto robore pollet,
Ut flammas superare mihi, videatur et undas
Quas petit hospitium, quando de ponte superno
Desilit audacter, tantoque pericula saltu
10 Singula contemnit, redimet modo nummus arenam,
Dextera quam fundo felici extraxerat usu.
Sic ludit gens ista, suis famulata Salinis,
Audax in salibus, quando blanditur amico.
Sed simul hic alia dudum sale vestra superbit:
15 Halla, quod excelsas Sapientia promere mentes
Sola docet; studiumque acuit gratumque, saporem
Imbuit ingeniis et plures servat ad usus.
Hunc tractare salem, Te prima aetate iubebat,
Velthemi pater ipse tuus, quem Curia curis,
20 Exercere solet, quae publica munera spectant,
Et membrum colit ipse tuum, patremque Senatus
Hic tibi primus erat studii Reisingius Autor,
Kellerusque, quibus successerat Hardtius, usu
Doctrinaque pari gemino sed maior amore,   ·
25 Quem fovet affinis simul et Praeceptor; et ipse
Condorem describo Viri, quem novit uterque;
Publicus inde comes Marco-Camerhofius ivit
Calehnusque, sui splendentia lumina ludi.

Donec ab augusta Buchneri voce liquorem
30 Aonicum inbiberes, Wendelerumque secutus
Et Strauchi Sophien, quam totam possidet unus,
Numina maioris coleres, Tibi praevia Pindi.
Calovius tibi talis erat, cui pulpita sedem
Ingeniumque capax cesserunt fata Lutheri,
35 Kunadusque dabat simul et Meisnerus, uterque
Ingens Jonis columen, Tibi mella, nec illis
Dissimiles Shilarea favos expressit in ore
Scherzeri, cui mensa Viro te docta maritat,
Ittigioque foris studium, Sophieque Slutero,
40 Frankensteiniique simul Suadae, qua totus abundat
Sufficit hic numerus, nec fas est illa referre
Nomina, quae luci tenebras offundere possent.
Albertum neque ipse tuum Veltheme sodalem
Expungi iubeo, nec me laudabo, nec ipse,
45 In pretium deforme mei prolapsus amabo
Sed ibi nunc Oleo Dupplex promittitur umbra
Altera sublimis, coeloque et Principis aulae
Frondibus hic in serta tuis, sed latios urbe
Altera vicinas foliis extensa per aedes,
50 Et succo faecunda suo, Tibi nata clienti
Utraque te grata, Velthemi, excipit in umbra,
Arboris haec est umbra Tibi lux ipsa videtur,
Et paci iam sacra, dabit geminata quietem.

(Archiv. facult. philos. Lips. vol. VIII dispp. programm. carm. et orat. philo-
sophii 1659 -1662. Panigyricus carminum magistrorum M. Friedr. Rappolti.)

Verzeichniss der von Velten gespielten Dramen.

1608.   Nürnberg.

13. October. Geistliches Hirtenspiel von dem Sündbereuenden Johannes von Veromond.

1788.   Dresden.

6. 7. 8. Febr. Comoedie von dem Erzvater Joseph. Joost
van Vondel. 1671.

12. Februar. Tragicom. von Amadis. Melchior Meyer. 1613.

14.   „   Comoedia von Christabella.

15.   „   Tragoedie vom wilden Mann in Kreta.

22.   „   Comoedie vom lustigen Pickelhärirg.

27.   „   Comoedie von Jupiter und Amphitruo. Isacus Damme.

24. März. Tragicomoedie von Jason und Medea. G. Severius v. Cuilla.

Mai.   Die Jungfrau. Beaumont und Fletscher.

„   Comoedie von der bösen Katharina. 2 Thl.
Shakespeare. (Kunst über alle Künste.)

Tragicom. Von Fortunat Wünschelhute und
Säckel. 1624 und 1670.

Novmbr. Tragicom. von Romeo und Julia. Shakespeare.

„   Intermed. vom alten Proculo.

1679.   Dresden.

20. Februar. Tragic. von Guiscardo und Sigismunda. Robert Wilmot.

„   „   Intermed. vom Schuhflicker. Klucht van de
Schoêster. 1600.

„   Posse vom Münch und Pickelhäring,' eines
Bauern Sohn mit der Fiedel.

„   Posse das Waschhaus in Amsterdam. (*illeg.*)
Herr Peter Squenz. Gryphius.

1680.   Torgau.

26. Febr.⎱Comoedia von der Libussa. 2 Th.
27.   „ ⎰

28. „ Tragicomoedie von Guiscardo und Sigismunda.
Robert Wilmot.

29. . Posse vom Münch und Pickelhäring eines Bauern
Sohn mit der Fidel.

1. März. Comoedie von Aurora und Stella. Aurora en
Stella. 1665.

„   „ Possenspiel von d. betrogenen Sicilianer. Molière.

2. „ Orlando furioso. (Hortensio Scammaccia.)

„   „ Das singende Possenspiel mit der Kist. Isaac
Voss. 1649.

„ M. Peter Squenz seine schreckliche Tragoedie
von Pyramus und Thisbe. Gryphius.

3. „ Tragoedie vom König Ludwig und seinem Bru-
der Friedrich. Com. von den zwei Brüdern
König Ludwig und König Friedrich von
Ungarn. 1684.

1684.   Dresden.

Der alte Geizhals. Molière.

Adamira oder die Statua der Ehre. G. A. Cicognini. 1663.

Trappolino. Trappolaria. G. Batt. della Porta.

Die vorsichtige Tollheit. Josisz de Wyse. 1650.

Sein selbst eigener Gefangener. Scarron.

Jungfer Kapitain. De Meid Kaptein.

Müllers Tochter. Beaumont und Fletscher. 1647.

Adamira oder die Statua der Ehre. G. A. Cicognini. 1663.

Mascarilias. Molière.

Visibilis et invisibilis.

Französischer Geist.

1680.   Frankfurt.

Der schlimme Roderich.

Der Verdrüssliche. Molière.

Der bestrafte Brudermord oder Prinz Hamlet
von Dänemark. Shakespeare.

1686.   Dresden.
Pompejus. P. Corneille.
Der Kleopatra Tod. P. Corneille.
Die Weiberschule. Molière.

1688.   Dresden.
Die Liebesprobe. Com. u. Prob. 1630.
Die ermordete Unschuld oder Graf Essex. Th.
    Corneille. 1678.
Der Herzog von Florenz, der sich in eines Her-
    zogs Tochter verliebt hat. 1606. Musinger.
Die dreifache Braut.
Des Teufels Betrug.
Alexandri Mordbanket.
Der alte Geizhals. Molière.
Der Vierfürst Herodes. Calderon.

1688.   Hamburg.
Juni. Die grosse Königin Semiramis. Calderon. Is-
       brand Vinzent. 1669.
  „   Des einfältigen Trappolino Widerwärtigkeiten
       im Heirathen, angestiftet durch Pickelhäring.
       G. B. della Porta.
  „   Adam und Eva.
  „   Pickelhäring im Kasten. Isaac Voss.
  „   Die Gibeoniter.

1689.   Dresden.
Don Japhet von Armenien. Scarron 1653.
Der eiserne König.
Die Jungfer Studentin. Theodorz Rooden-
    borgh. 1607.

1690.   Torgau.
Prinz Sigismund von Pohlen. Calderon. Holl.
    Uebers. 1954.
Mascarilias. Molière.
Der Verdrüssliche. Molière.
Der Ritter St. George.
Der künstliche Lügner. P. Corneille.
Der verirrte Soldat od. des Glückes Probirstein.

1690.   Torgau.

Der ehrliche Kuppler.

Sein selbst Gefangener. Scarron.

Die Männerschule. Molière.

Unmögliche Möglichkeit.

Der bürgerliche Edelmann. Molière.

Das veränderliche Glück.

Adamira oder die Statua der Ehre. G. A. Cicognini. 1663.

Der grosse Rechtsgelehrte Papinianus. Gryphius.

Glückliche Eifersucht

Herzog von Belvedere.

Genoveva,

Comoedie von Altamiro. Der von seinem Vatter unerkannte Prinz Artaxerxes, oder der grossmüthige Altamiro und dessen untreue Stiefmutter.

Aspasia. Desmarets. 1636.

Wallenstein. A. von Haugwitz.

Trappolino. G. Batt. della Porta.

Die närrische Wette.

Capitain Kolwey.

Die gezwungene Heirath. Molière.

Koch und Schreiber.

Der Doctor aus Noth. Molière.

Don Juan oder Don Pedro Todtengastmahl. Molière.

Alexanders Liebessieg. B. van Velsen. 1659.

Der gottlose Roderich.

Ulysses und Penelope. Die unveränderlich treue Ehegattin Penelope. 1690.

Der Blasebalg.

Ich kenne dich nicht. Jan Bara. 1664.

Der gezwungene Arzt. Molière.

Die Perlen. M. Girardin. 1672.

Varietas delectat.

Die drei barmherzigen Schwestern.

1690.   Torgau.

Der französische Geist.
Der betrogene Sicilianer. Molière.
Die alte Kupplerin.
Cacerlacü.
Der verzauberte Kickel.
Graf Schornsteinfeger. M. Pokkens. 1652.

Numerische Uebersicht der von Velten gespielten Dramen.

	Ohne Wiederholungen gerechnet.									Davon wiederholt				Zusammen	
	1668	1678	1679	1680	1684	1686	1688	1689	1690	1680	1684	1688	1690	ohne Wiederholung	mit Wiederholung
Englisches Drama.		7	1	1	1	2	3			1				15	16
Schon vor Velten aufgeführt.		7	1	1	1	2	3							15	
Italienisches Drama.					2		3						2	2	6
Schon vor Velten aufgeführt.					2		3							2	
Spanisches Drama.							1				1			1	1
Schon vor Velten aufgeführt.							1							1	
Deutsches Drama.		1	2	1	3		1		7	2				12	14
Schon vor Velten aufgeführt.		1	2	1	2		1		3					8	
Holländisches Drama.		3	2	2	2		2	1	6			1		18	19
Schon vor Velten aufgeführt.		2	1	2	2				3					10	
Französisches Drama.				1	3	4	1	1	8				5	18	24
Schon vor Velten aufgeführt.					2				2					4	
Unbestimmte Dramen.	1			2	2		3	1	11			1	1	20	21
Schon vor Velten aufgeführt.				4	1									2	
Ein aus verschiedenen Possen gem.	1													1	1
Zusammen:														87	102

VITA.

Natus sum, Carolus Guilelmus Theophilus Eduardus
Heine, die XXIV mens. Iun. h. s. a. LXI Halis Saxo-
num patre Eduardo, mathematicae professore p. o., morte
mihi erepto, matre Sophia e gente Wolff, qua superstite
laetor. Fidei addictus sum evangelicae. Litterarum ele-
mentis privatim imbutus gymnasium adii primum Halense,
deinde Islebiense, deinde Rintelense. Maturitatis testi-
monio instructus a. LXXXIII academiam, ut litterarum
historiae et philologiae germanicae studiis operam darem,
sum aggressus. Studiis Halis inceptis, Bonnae Berolini-
que perrectis, Halis finitis examina nunc sum aditurus.

Docuerunt me viri clarissimi:

Bonnae: Birlinger, Iusti, R. Kekulé, Knoodt;

Berolini: Geiger, Scherer, Zeller;

Halis: Burdach, Droysen, Erdmann, Gering,
Gosche, Haym, Heydemann, Krohn, Stumpf,
Uphues.

Quibus viris omnibus optime de me meritis, imprimis
Haym et Burdach, qui studiorum meorum adiutores
fuerunt, gratias ago quam maximas.

THESEN.

I.

Die Periode der neueren deutschen Litteraturgeschichte beginnt mit dem Ende des dreissigjährigen Krieges.

II.

Die Schicksalstragödie ist durch Goethe gefördert worden.

III.

In Lessings Emilia Golotti II, 6 ist der Ausspruch der Claudia: „dass der Prinz dich jüngst nicht ohne Missfallen gesehen" ein bisher unbeanstandet stehengebliebener Sinnfehler.

IV.

Der Beweis, welchen Spinoza Eth. I Prop. VIII für die Nothwendigkeit der Unendlichkeit jeder Substanz bringt, ist nicht überzeugend.

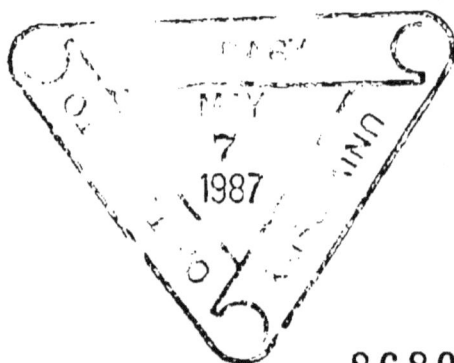